名物ルアーショップ店主がついに明かした「釣り具」のウソホント

常識は一度疑え・ネットの情報は鵜呑みにするな

柏瀬 巌

つり人社

目次

装丁　神谷利男デザイン株式会社
本文イラスト　廣田雅之

はじめに〜ちょっとだけ長い前書き〜

私は群馬県太田市でオジーズというルアー・フライの専門店を営んでいる。1997年、28歳の時脱サラして店をオープンした。現在の品揃えは7割がバス用品、2割がトラウト用品、1割がフライ用品である。そして、本業の釣具屋以外に、公益財団法人日本釣振興会（以下、日釣振）の仲間に入れてもらい、様々な釣り問題に関わらせて頂き「釣りの社会的地位向上活動」をライフワークとしている。

釣りの振興活動には、本業の釣具屋以上にリソースを費やしてきてしまったかもしれない。なぜこれほど「釣りの社会的地位向上活動」に熱心に取り組むのか不思議に思われる方もいるかもしれない。「柏瀬さん、何を企んでるんですか？」などと言われることもある。しかし、それは純粋に「このままでは、私の愛する日本の釣りはダメになってしまう」という強い危機感があるからだ。このことは長くなるので後に詳しく書く。

釣りの神様に導かれて四半世紀

私の人生の中心には、いつも魚釣りがあった。釣りに夢中になったのは、小学校5年生の時だ。クラスの友達の間で釣りが流行っていた。また、担任の神山先生も釣り好きで、今では考えられないことだが、神山先生は、よく私たちを釣りに連れて行ってくれた。あの時、釣りと神山先生に出会わなければ、私の人生は今とは全く違ったものになっていただろう。それからずっと、釣りのことばかりを考えてきた。おそらく、他人からはちょっと変わった人に映ったであろう。仮にお金をいっぱい稼ぐことが人生の成功というのであれば、私は決して成功者ではない。しかし、人生の全てを懸けて夢中になれる釣りというものに出会うことができた私はとても幸せだと思っている。

釣り関係の仕事をしたいと思ったことはなかったのだが、30歳を目前とした時期に、会社という組織に馴染めず「何か、自分の思ったとおりのことをしたい」と独立を決意した。今考えれば「社会人失格者」である。しかし、その「何か」を考えた時に、自分が自信を持ってできることといったら魚釣りくらいしかなかったのだ。当時は空前のバス釣りブームでもあり、さらに近隣には釣具店も少なかったこともあって、思いつきに近い形でスタートしたのがオジーズである。そんな流れで、ついには、釣りに関することが生業となってしまった。今となっては釣りの神様に導かれたのかななどとも思う。

ところがオジーズが開店した頃にはバスブームも下火になり、変わって昔から燻《くすぶ》っていたブラックバスの害魚論が再燃し始めた。開店2年後の１９９９年には新潟県でブラックバスがリリース禁止となった。そして次第にバスに対する逆風が強まり、２００５年には「特定外来生物による生態系等に係る被害の防止に関する法律」によってオオクチバス・コクチバスが特定外来生物に指定され、バスは完全に悪者のレッテルがつくこととなった。

開業からの8年間はお店そっちのけでバス問題の大騒ぎに奔走《ほんそう》したが、店の売り上げは順調に伸びていった。今振り返ると私が優秀であったわけではなく、時代がよかっただけである。イヤな思いもたくさんしたが、この8年間の体験は私の人生にとって大きな糧になったと不謹慎ながら思っている。

オジーズ開業前は、私自身はどちらかというとトラウトのルアー・フライフィッシングに傾倒していたのだが、開業してみるとお客様のほとんどがバスアングラーで急速にバス釣りに傾倒していった。当時はバス釣りのアマチュア大会にも出ていたし、さらにその後は前出のバス問題の大騒ぎに深く関わったこともあって、私自身に「バス釣り専門」「バス擁護派の急先鋒」のようなイメージが付いてしまった。

しかし、そもそも私は釣りは何でも大好きで、バス釣りだけが特別ということもない。今は、様々な理由からあえてバス釣りから遠ざかっている。理由についてはここでは書かないが、釣り業界から身を引いた後には、またバスボートを買ってしまうかもしれない。今でも様々な釣りをするが、どの釣りも奥深く、探求すると時間もお金もきりがないので手を広げるのもほどほどにしないといけないと自制している。

ここ数年夢中になっているのはマグロ釣りである。

気がついたら五十路を越えて、体力気力共に衰えを感じることが多くなってきた。人生は無限のように思っていたが、ふと気づくとぼんやりと終わりも見えてきた。そんな中で、まだ体力のあるうちに自分より大きい（70kg以上）魚を一度くらいは釣っておきたいと思うようになったのだ。でかい魚ならマグロでしょ！　ということで、ここ5～6年は年間10～20日間はマグロを求めて沖に出ている。時間もお金もかけたが、小型魚も掛からない。

そういう話をすると「そんなに釣りたいんだったら、海外遠征すればいいのに」と言われるが、何となく「夢をお金で買う」ようで気が進まないのだ。できることならば「日帰りで行ける範囲で70kgオーバーのマグロを釣りたい」のだ。

もし、目標とするマグロが釣れたとき「この前、常陸沖で75kgのキハダマグロをキャッチしたんだよ！　ここから、たった2時間で、日帰りでチャレンジできるんだよ！　道具だって、欲を言わなければ10万円あれば一式揃うよ！　その気があれば、あなたにもチャンスはあるんだよ！」となれば、それを聞いた釣り人の目はたちまちキラキラ輝き出すだろう。

「夢は、不可能であったらつまらない」「届くか届かないかくらいがちょうどよい」そして、「チャレンジして叶わなくてもいい」「チャレンジそのものが夢なのである」などと負け惜しみを言いつつ、チャレンジは続いている。

マグロ釣りにも熱くなっていたら、クロマグロ釣りに関しての規制が始まってしまった。そしてこの規制に急先鋒でルールメーキングに関わることとなってしまった。20年前には大好きなブラックバス釣りの問題に巻き込まれ、今度は大好きなマグロ釣りの問題に巻き込まれている。まあ、どちらも自ら望んで首を突っ込んでいるのだが……。これも釣りの神様の思し召しで、私の天命なのかとも思っている。

そんなことをしていたら、ふと気づくと釣り業界で四半世紀が過ぎ、「老舗」「先輩」などと言われるようになってしまった。自分自身はまだまだ鼻たれ小僧のつもりでいたが、どうもそうではないようだ。

しかし、27年釣具屋を営みながら、釣り業界の仕事も経験させて頂いた中で、普通の人よりも少しは釣りの経験と勉強をしてきた自負もあった。そんな中、あちらこちらで戯言《ざれごと》を吐きまくっていたら、『Basser』の佐々木編集長から「柏瀬さん、本を書かれてみませんか。面白い本ができると思うんですが……」とお声がけ頂いた。

はじめはあまり乗り気ではなかった。なぜなら、これから書いていくことは、私が時間と経験をコツコツ重ねて手に入れた知識という財産である。それを簡単に公開するのは手品のネタばらしのようで、何かもったいない気がしたのだ。

また、もしかしたら、釣り業界にとっては、できることであれば釣り人に気づいてもらいたくないことであるかもしれない。そうなると、私が業界を敵に回すことになりかねないのではではないかという気もしたのだ。

しかし、日頃多くのお客様に接していると、「情報はあふれているけれど、真偽が怪しい情報にみんな踊らされちゃってるな～」「本当の釣りの奥深さに気づいていない人が多いな～」などと感じていたこともあった。また、「後輩の釣り人たちに、私の経験をお伝えして釣りがもっと面白いものになるのは悪くないかな……」と思うようになってきた。

そして何より、SNSが普及し情報過多の時代になったせいなのか、釣り業界も釣り人も釣果ばかりに目がいってしまっているような気がする。

確かに、釣果を探求することは釣りのあり方として正しい。釣れないよりは釣れたほうが楽しいに決まっているが、はたして釣りというものはそんなに単純なものなのであろうか。誰かが釣りの複雑で奥深い事柄をもっと伝えていかないと、日本の釣り文化は終わってしまうのではないかという危機感もずっと持っていた。

そんなことで、読者の皆さんの釣りが、より深く楽しいものとなるのであればと僭越《せんえつ》ながら筆をとらせていただいた。


これから書く内容は、「言われてみればそうだよな〜」ということばかりで、シークレット情報やみんなが大好きな（!?）暴露情報といったものではない。また、それぞれの内容についてはその道の専門家ではないので、見たり聞いたりした中での推論であったりもするので、その真贋については保証しない。しかし、できる限り正確であるように心がけたつもりである。

「本当の情報は出て来ない」

もしあなたが、お金と時間と労力をかけて、誰も知らない「爆釣ポイント」を発見したとしたらどうだろうか。

心優しいあなたは、すぐさまSNSでみんなに教えてあげるだろうか？　私であったら、絶対に人には話さない。親しい友人であったとしても、自分自身が十分よい思いをした後でなければ教えないだろう。

例えば、「見えバスに100％口を使わせる方法」を発見したとしたらどうだろうか。友人に「おまえ爆釣だな。どんな釣りしてるんだよ」と聞かれたら、おそらく「いやー。まぐれだよ」と謙遜してみせたり、「〇〇のルアーがよいみたい」と嘘《うそ》を言うだろう。

そう、ほとんどの人は自分が苦労して手に入れたことを、そう易々と人には教えないのだ。そんなお人好しはまずいないのである。

バス釣りで「サイトフィッシングの極意」等は、色々な所を探してみても、なるほどと思えるものはほぼ見つけられない。あったとしても本当の「キモ」を語っているものは目にしたことがない。サイトフィッシングでは、「キモ」を公開してしまったら誰でも釣れるようになってしまうからだ。

また、雑誌やテレビに出ているような有名アングラーの仕事は「他人よりたくさん釣る」ことである。生まれながらの野生の勘みたいなものがあって何も考えずに「他人よりたくさん釣る」人はいるのかもしれないが、普通は当然何か「キモ」があるはずである。

時間や高い勉強代を払って手に入れたその「キモ」はまさに「飯の種」「企業秘密」でそう易々と教えられるものではないはずだ。そんな「キモ」をベラベラしゃべっていたら、熾烈《しれつ》な生存競争のトーナメントやメディアではすでに淘汰《とうた》され生き残ってはいないであろう。

もし、私がその立場であったら、ライバルを騙《だま》し蹴落《け》とし生き残っていく戦略として、あえて「ガセネタ」を流すだろう。

ちょうど、これを書いているときに、『ルアーマガジン』２０２３年6月号でリック・クラン氏と田辺哲男氏の対談記事が載っていた。その中で、リック・クラン氏は『「……改良したこのルアーのことは、誰にも話さなかったよ。……」「表彰式でも〝使ったのはトップウォーター。本当にゆっくり動かすんです〟なんてごまかしてた（笑）」「……トーナメンターの大事な商売道具だからね。ライバルより有利なアイテムを持っていることは、勝つためにとても重要だから。……」』と語っている。これがトーナメンター(有名アングラー)の真実であろう。

先に書いたように、本音を言ったら釣具屋の私ですら時間とお金と労力をかけて手に入れた情報は、たとえお客さんにですらそう易々とは教えたくないものである。

一方で、釣り人の思い込みや勘違いもある。

例えば「本物そっくりのルアーがよく釣れそうだ」といったことや、「硬いロッドはパワーがある」「高価な釣りイトのほうが丈夫そうだ」などだ。どれも一見正しそうに感じるし、あながち間違いではないが、そう単純な話ではないということは、本書を読み進めるに従い理解して頂けるだろう。

私は、全くのゼロから手探りで釣具店を運営し、20年前のバス問題の時から釣り問題の裏も表も仕組みも目のあたりにしてきた。

そんな中で、私が生き残る術として「常識を疑い、真実を見極める」という習慣が体に染みついてしまった。

情報リテラシーという言葉があるが、世の中にあふれる情報は全て嘘ではないにせよ、発信した人にとっては都合のよい情報である。また、間違った考え方が、長年一人歩きして正しいこととなっていることも多いかもしれない。

さらに、人はたくさん目にすることや、みんなが正しいと言っていることが、正しい情報と思えてしまうものだ（バンドワゴン効果）。

店頭でお客さんと話していると、ガセネタやバンドワゴン効果により物事の真実を見誤っている人の何と多いことかと感じる。

情報過多の時代で、どの情報を信じたらよいのか。これから書く内容は、私がたどり着いた一つの答えである。

1章 フックの話

「釣れるルアー」は誰もが血まなこで探すのに、フックとその関連商品はあまり売れない、気を遣わないフシギ

ハリ先の重要性

お店に立っていていつも疑問に思うことがある。

こんなにもルアーが売れているのに、なんで替えフックやフックカバーやフックシャープナーはあまり売れないのだろう。

ルアー釣りに限らず、向こうアワセの釣りでのハリ先の鋭さは最重要事項である。ワームの釣りのように、魚がルアーをくわえてモグモグして反転し、アタリがサオ先に伝わって思い切り合わせる釣り方であれば、多少ハリ先が甘くなっていても力任せにフッキングに持ち込めるだろう。

しかし、プラグなどのファストムービングルアーなどは、動いているルアーに魚がチェイスしてきてフックに引っ掛かる。ルアーを丸呑みにするような状況であればまだしも、キスバイトのような状態では、ハリ先がいかに鋭くわずかにでも引っ掛かることが重要であるかは容易に想像できる。

一日に数バイトしか得られないような釣りでは、その違いを体感することはないかもしれない。しかし、例えば一日に何十、何百バイトもあるマスのルアー釣り堀では、その違いを明確に体感できる。ルアーを引いてきて「コッ・コッ」とアタリはあるのにハリ掛かりしない原因の多くは、ハリ先が甘くなっていることである。ルアーを手に取ってハリ先を爪に引っ掛けて確認しても十分に引っ掛かるので、ハリ先は鋭いように思えるが、新しいフックに交換すると、今まで掛からなかった魚が面白いようにハリ掛かりすることを経験したりする。

先日もお客さんが「店長〜、エリアでアタリはあるんだけれど全然乗らないらないんだよね〜。乗りのよいグラスロッドが欲しいんだけど……」とお金を握りしめて買う気満々でやってきた。私が「ちなみにフックは交換してる?」と聞くと、「えっ、フックはちゃんと付いてるよ。フックって交換するものなの!?」ときた。「魚が乗らない原因はきっとロッドのせいじゃないと思うよ。まずはフックを替えてごらん」と言って替えバリを買わせた。ロッドを買う気満々だったお客さんは、少し不満げな顔をして帰っていった。数週間後、そのお客さんが目をキラキラと輝かせて来店した。「店長の言うとおりだったよ！今までが嘘のようだよ！」。

船のエギタコやライトアジ釣りなどで私はほとんどサオ頭になる。ここでもキモはやはりハリ先の鋭さである。エギタコ釣りでは、一日に何回もタコエギをチェンジする。これはカラーローテンションをしているのではなく、ハリ先を常にビンビンの状態にしておくためである。タコエギはハリが替えられないし、研いでも新品のように鋭くはならないので、使用済みのエギはハリをカットしカットウフグ用のハリに巻き替えて再利用している。ほとんどのタコエギでなぜハリを交換できないのか疑問であるが、大人の事情なのかもしれない。と思っていたら、交換できるタコエギを見つけた、きっと釣れる秘密を分かっている開発者が作ったのだろう。あえて商品名を書くのは控えるが探してほしい。

先日、ソルトウォータールアーフィッシングのレジェンドと根魚のスロージギング船でたまたま同船した。レジェンドは1投毎にジグのアシストフックのフックポイントをチェックし、度々シャープナーでフックポイントをタッチアップしていた。私と目が合ったレジェンドは、ニヤリと笑い何も言わなかった。

ハリ先の管理方法

では、私はどのように「フックの管理」をしているかお話ししよう。まず、買ってきたルアーはパッケージから出してハリ先の鋭さをチェックする。外国製や安価なルアーなどは日本製の信頼できるメーカーのフックに交換する。また、フックとルアーを接続するスプリットリングも信頼できない場合は交換する。チェックの終わったルアーには全てフックカバーを付ける。スピナーベイトやラバージグなどにも必ずフックカバーを取り付ける。

ソルトウォーター用のルアーのフックには、錆に強いように厚くスズメッキがかけてあり、新品でもハリ先が少し甘いことがある。その場合はシャープナーでハリ先の部分だけスズメッキを削ってハリ本体の鋼を露出させてビンビンに研ぐ。この時、メッキは必要以上に剥《は》がさないように注意する。鋼がむきだしになった部分は簡単に錆びてしまうからだ。

その後、錆びにくいようにフッ素スプレーなどを吹きかけ、フックカバーをしてルアーボックスにしまう。

現場で使用したルアーは「使用済みボックス」に入れ、釣りから帰ってきたらしっかり水洗いして、前と同じようにシャープナーでビンビンに研ぎ直し、フッ素スプレーを吹きかけ、フックカバーを付けて元のボックスに戻す。これを何回か繰り返すと、ハリ先のテー

フックポイント・ビフォーアフター

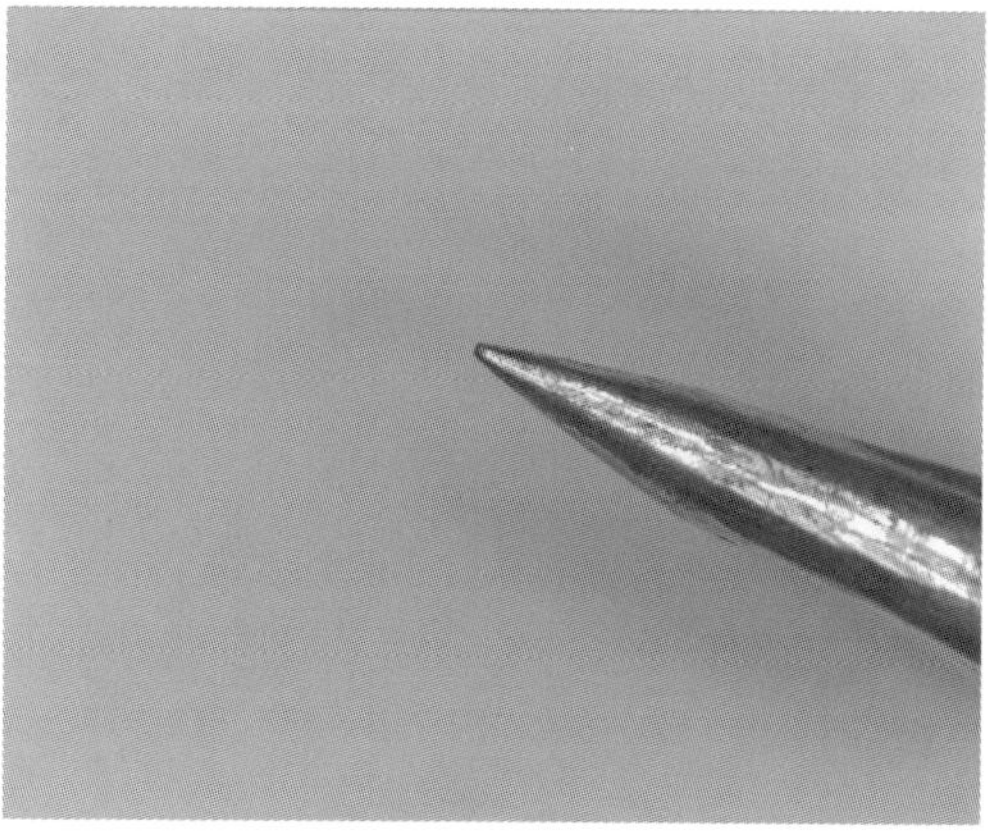

研ぐ前のフックポイント

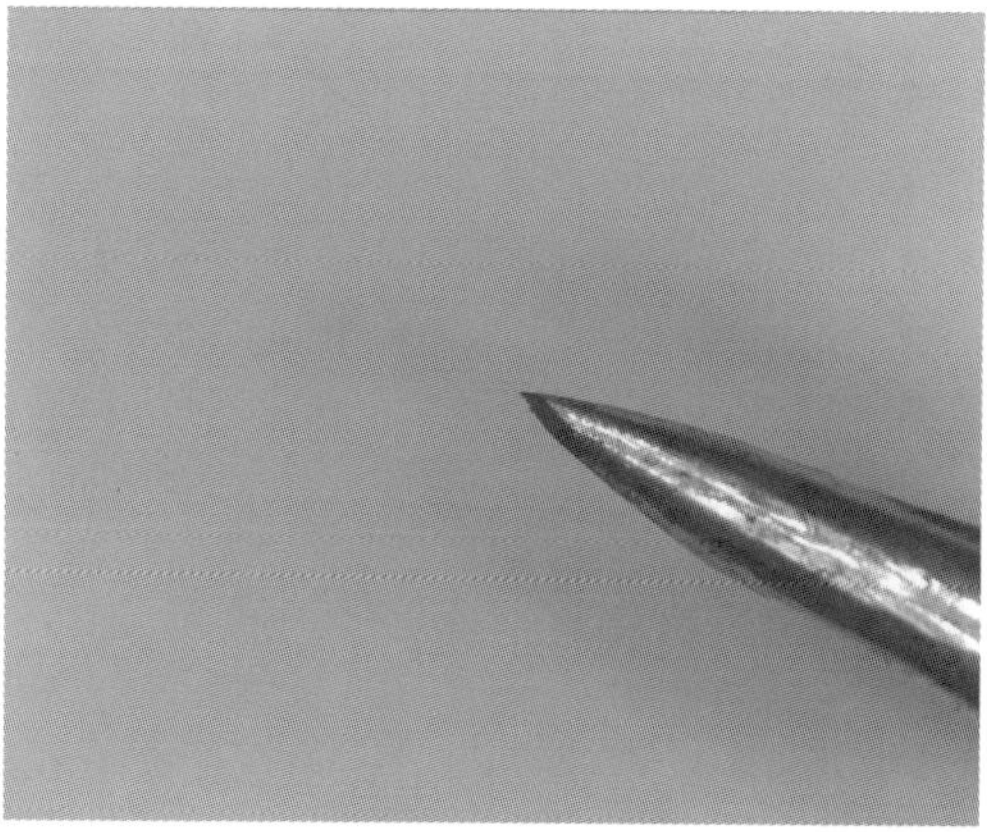

研いだ後のフックポイント

パーが段々太くなってきてしまう。そうなったらハリの替え時である。

このように、私のルアーボックスに入っている「フックカバーの付いているルアー」は、全てハリ先がビンビンにシャープな「出撃準備の整った」ルアーである。

化学研磨のハリは研げるのか？

ここで、賢明な読者の方は「今の化学研磨のフックって研げるの？」と疑問に思ったかもしれない。

色々なところで、「化学研磨のフックは研げない」と言われている。私も、何となく素材の特性上、「研いでも鋭くならないのかな？」「研ぐと強度が落ちてしまうのかな？」などと思っていた。しかし、実際に研いでみると鋭くなるし、強度的にも問題がないように感じる。なので、ケチな私は前出のようにフックを研いで使用しているのだが、何となくモヤモヤしていた。

今回この本を書くにあたり、このモヤモヤをスッキリさせようと数社のフックメーカーの開発者に「今の化学研磨のハリは研げないのか」と聞いてみた。

返ってきた答えはほぼ同じで、「化学研磨のハリでも研げないということはありません。ただし、新品同等に鋭く研ぐことはなかなか難しいことと、防錆メッキやコートが剥がれてしまうので研いだ部分が錆びやすくなってしまいます。ですから、研ぐ手間や錆びやすくなるというデメリットを考えると、新しいハリに交換してしまったほうが、コストパフォーマンスがよいと思います」とのことだった。

私も、バスやトラウト用の細軸のフックは、確かに研いでも元の鋭さには戻すことが大変難しいので、新しいものと交換してしまう。

スピナーベイトやラバージグはフック交換ができず、研ぐ以外に方法がないので、研ぐ技術も身につけたほうがよいだろう。

フックの研ぎ方については、色々なところにあるので、ここでは書かない。

フックカバーで釣果アップ

ルアーのハリ先を鋭く維持するためには、その保管方法も重要だ。

私は、前出のとおりルアーのフックには全てフックカバーを付けてハリ先を保護している。当然、スピナーベイトやラバージグにもだ。

フックカバーなしでタックルボックスの中に無造作に放り込んでおくと、ガチャガチャとぶつかり合ってどんどんハリ先が甘くなってしまう。「えっ、そんなことでハリ先が甘くなるなんてことある？」と思うかもしれない。しかし、ハリ先を爪に引っ掛けたくらいでは分からないほどに「わずか」ではあるかもしれないが間違いなくハリ先は甘くなることはイメージできるだろう。この「わずか」な差が、結果的に大きく釣果を左右するのだ。

ご存じの読者もいるかもしれないがカワハギ釣りでは1尾釣ったらハリを交換する。マスのルアー釣り堀でも2~3尾釣ったらハリを交換するのは上級者の間では常識である。それ程硬くない魚の口に掛かっただけでも釣果に影響があるのだから、ボックスの中でガチャガチャなどは論外である。

私は、ルアーのフックにフックカバーを付けずに無造作にタックルボックスに放り込んでいるような釣り人の言うことは信用しない。どんなによいロッド、どんなによいリール、どんなによいルアーを使っていたとしても、ルアーのハリ先が鋭くなければ宝の持ち腐れである。

よく雑誌で「○○プロのタックルボックス拝見」のような記事がある。そこで、フックカバーをきちんとして保管しているのはあまり見かけない。たぶん、皆さんもそれを見て、あまりフックポイントの重要性に気づいていないのであろう。

私はことある毎に、雑誌に出ていた○○プロ達に、「この前雑誌に、あなたのタックルボックスが出ていたけれど、あれはライバルを騙《だま》すための嘘なのか、それとも無頓着《むとんじゃく》なのかどちらなんだい?」と聞いていた。ほとんどのプロからは「柏瀬さんの言うとおりです。あれは取材用のボックスで、1軍のボックスのルアーは全てフックカバーをして、ストレージの奥に隠してあります。1軍ボックスは企業秘密でそう易々と公開なんかするわけないじゃないですか(笑)」という答えが返ってくる。

ただ、伊藤巧くんとイベントでトークセッションしたときに、ちょっと意地悪で彼に同

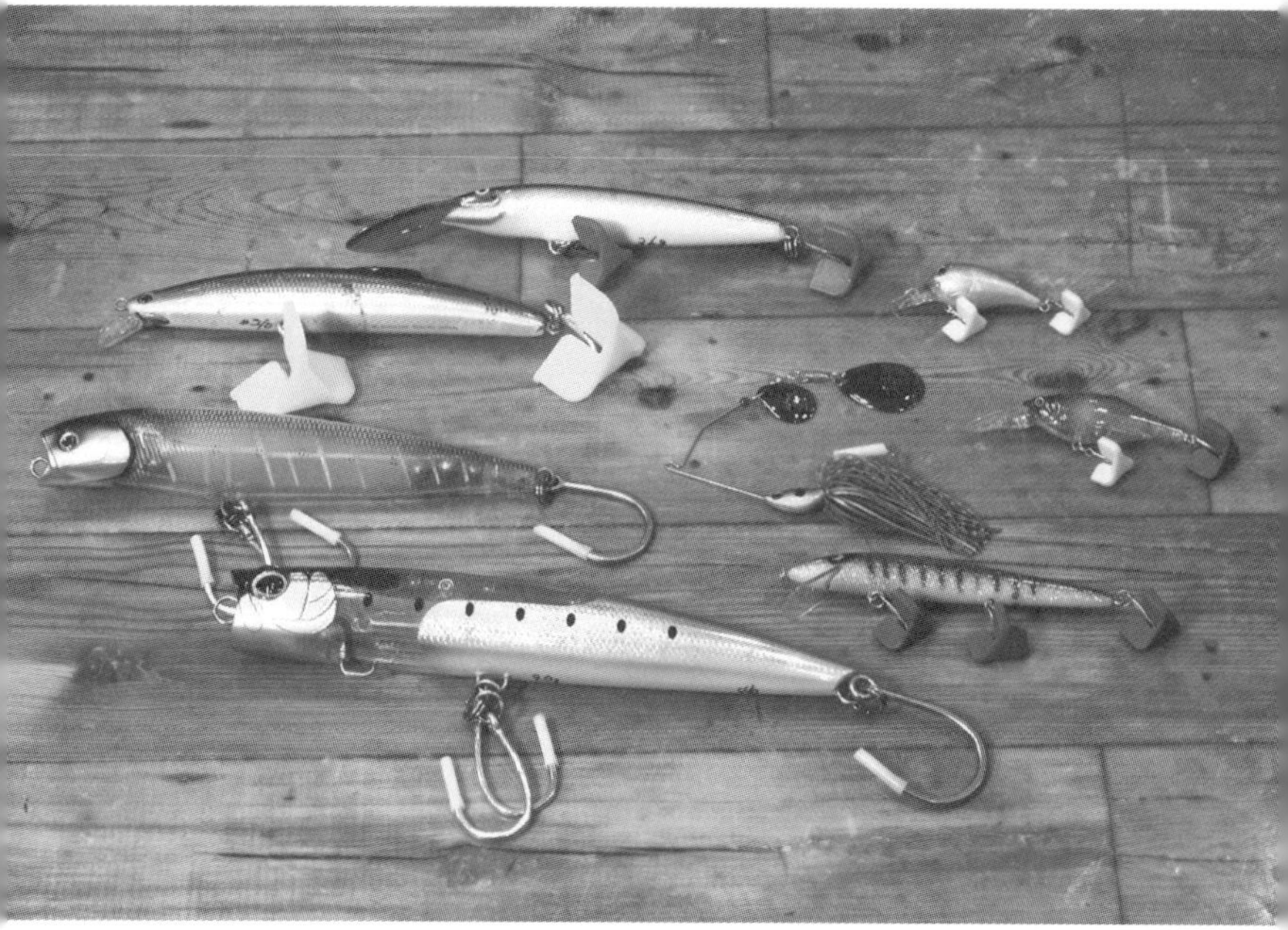

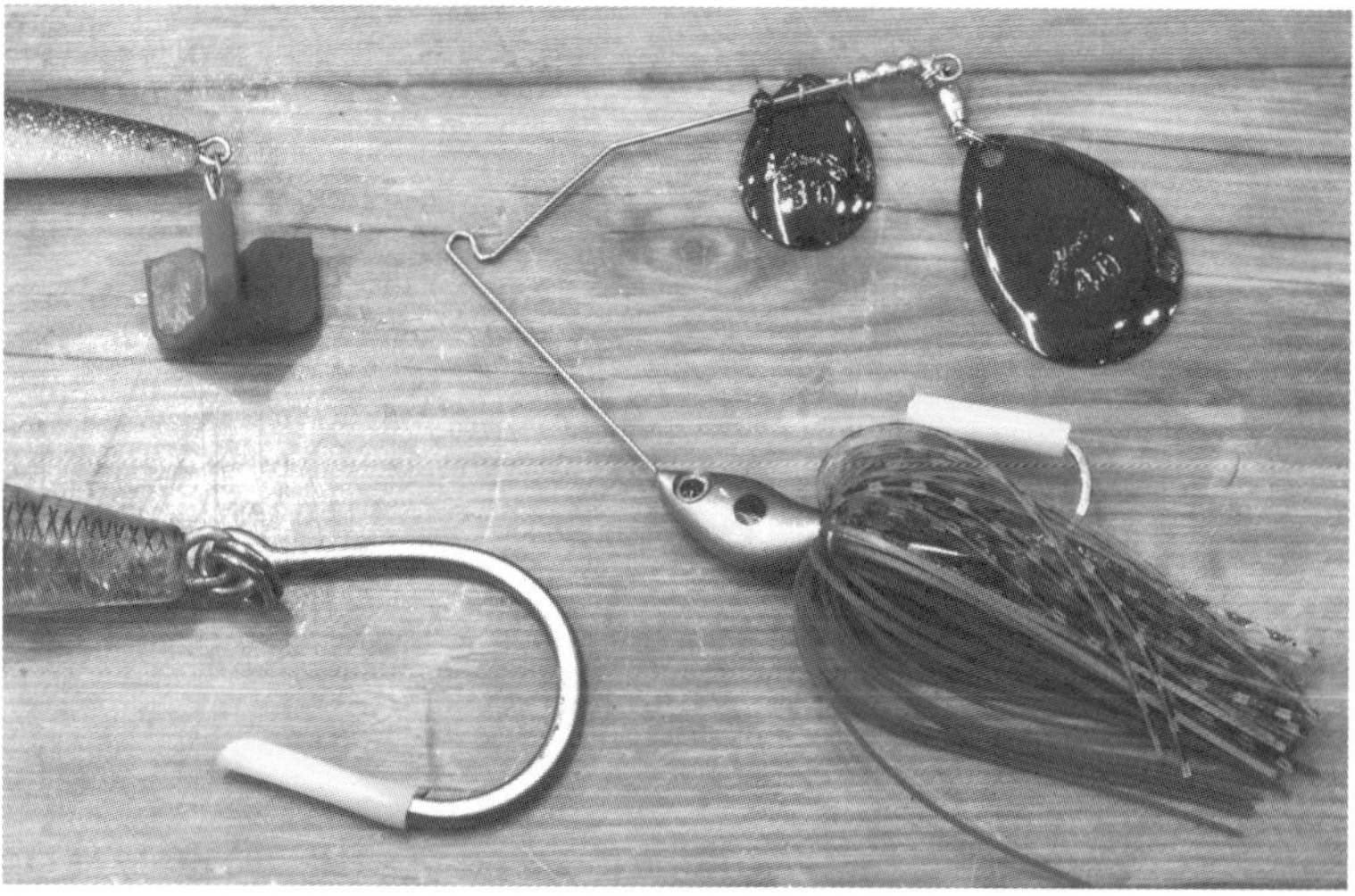

ルアーはタイプを問わず全てのフックにフックカバーを
付けてハリ先を保護している

じ質問を観衆の前でしてみた。すると即座に「あれは1軍ボックスです。フックカバーをしていないのは、僕は使い終わったルアーはそのままボックスに放り込みますが、次に使う時にはフックを交換して投げています。僕はフックカバーを外すのと同じくらいの早さでフック交換ができるんです」と答えが返ってきた。「ほー、さすが伊藤巧はひと味違うな〜」と感心した。

後から巧くんの釣り大会の動画をみたら、確かに頻繁にフック交換していて、バスボートのストレージの中にも替えフックがたんまりと入っていた。

ルアーフィッシングでもエサ釣りでも、一番はじめに魚とコンタクトするのはハリ先である。この「ハリ先の管理」を徹底することが釣果アップへの一番簡単な近道である。

フックの強さについて

よく「この前A社のフックを使ったら伸ばされちゃったんだよねー。A社のハリは弱くてダメだねー」などという話を聞く。私は日本製（兵庫県の播州製）のフックであれば強度や鋭さといった性能の差はそれほどないように思う。フックは当然大きな力が掛かれば伸びたり、折れてしまったりする。伸びるからダメ、折れるからダメということではなく、それぞれメリットとデメリットがある。柔らかいフックは折れずに粘る（伸びる）、硬いフックは伸びずに耐えてやがて折れる。硬くするか柔らかくするかは熱処理でコントロールできるので、そのバランスはメーカーの設計思想なのである。例えば、ワカサギ釣り用のハリは、わざと伸びるように設計してあるという。魚をハリから外す時にハリ先が折れてしまうと、ハリ先が魚の口に残ってしまう。釣れたワカサギは頭からまるごと食べるので、口にハリ先が残っていると食べた人が怪我をしてしまうかもしれない。そんな配慮からわざと伸びるように設計してあるそうだ。

余談となるが、日本製のフックのメーカー（生産工場）は兵庫県の西脇市と丹波市に集中している。この播州バリの全国シェアは約9割とのことだ。

フックの生産には、鋼線のカット、尖頭《せんとう》加工、曲げ、焼き入れ等沢山の工程がある。大きなメーカーでも全ての工程を内作しているわけではなく、一部の工程は外部の専門工場に外注して最終的に製品にしている場合があるようだ。

おそらく、播州バリは、もともとは日本刀の制作のようにそれぞれの工程が分業制になっていて最終的に1つの製品が作られていたものと思われる。その名残は今でも続いているようだ。

なので、播州製のフックであれば、A社のフックがよいとかB社のフックが特別よいということはないと思う。

「……ようだ」「……思われる」と書いたのは、フックのそれぞれの工程の製造方法は、門外不出の企業秘密で、私ですらその全ての工程を見たことがないし、ネット上で情報を探しても詳しいことは見つけられないからだ。江戸時代から職人達が脈々と受け継いだその門外不出の技で作られた日本のフックは間違いなく世界一（それも飛び抜けて）である。

サイズの話

驚かれるかもしれないが、フックに記載されている#1や#2／0といったサイズ表示には何か統一した基準があるわけではない。これは日本の釣りバリの「号」も同様だ。例えば、「A社の#1のトリプルフック」と「B社の#1のトリプルフック」では全く大きさが違う可能性があるということだ。

また、それぞれの釣種別ではフックサイズは、何となく統一されているようであるが、あくまでも「何となく」なのである。釣りの種類が変わると同一メーカーでも、例えば「ワカサギ用の2号」と「チヌ用の2号」ではとんでもなく大きさが違う。

さらに、同じサイズのハリでもハリを構成しているワイヤー（鋼線）の太さという選択肢もある。当然、太いワイヤーのフックのほうが丈夫というメリットがあるが、太くなることで貫通性能が低下したり重くなってしまうというデメリットもある。

また、フックのサイズの選び方についてもよく聞かれる。

フックは基本的に大きくなればフッキングしやすくバレにくいが、反対に根掛かりしやすくなる。私は、フッキングを優先してできる限り大きなサイズを選ぶようにしているが、これもケースバイケースである。

左右の製品ともフックサイズ表記は「3」。しかし大きさは全然違う

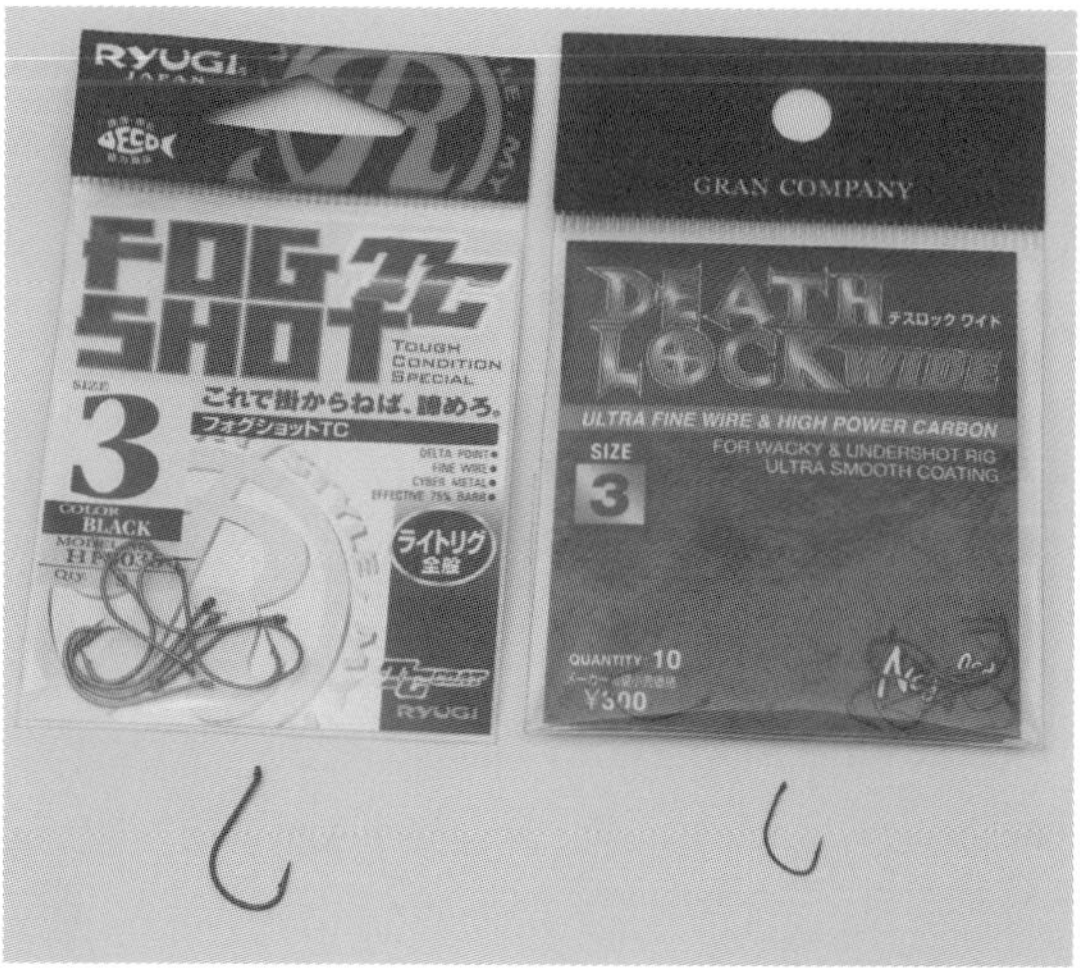

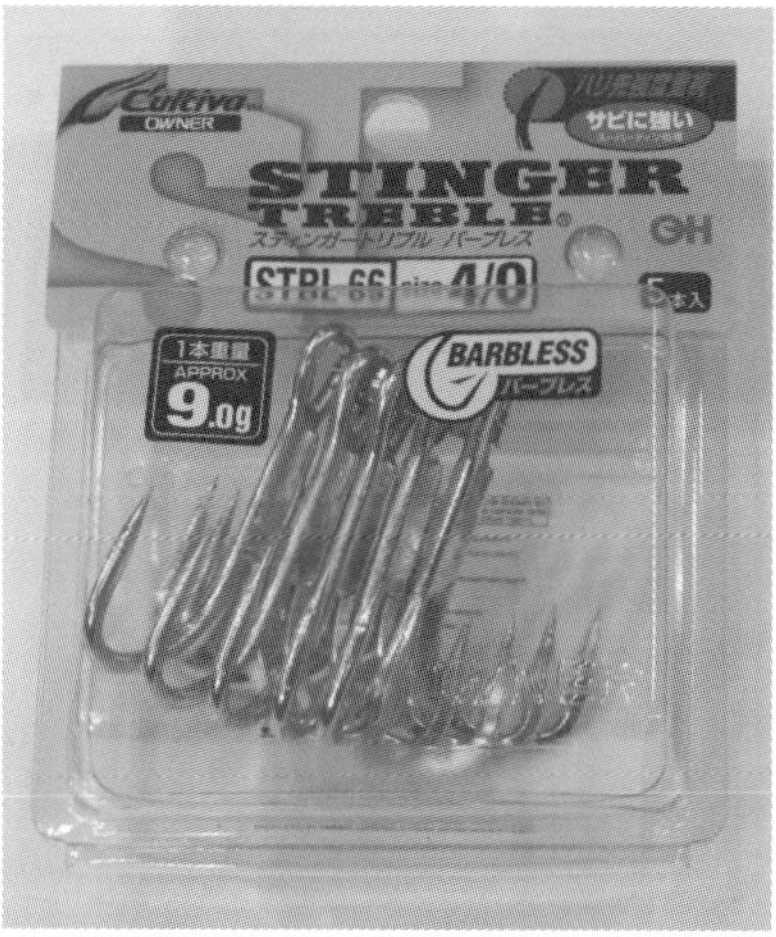

フックの自重を明記した製品

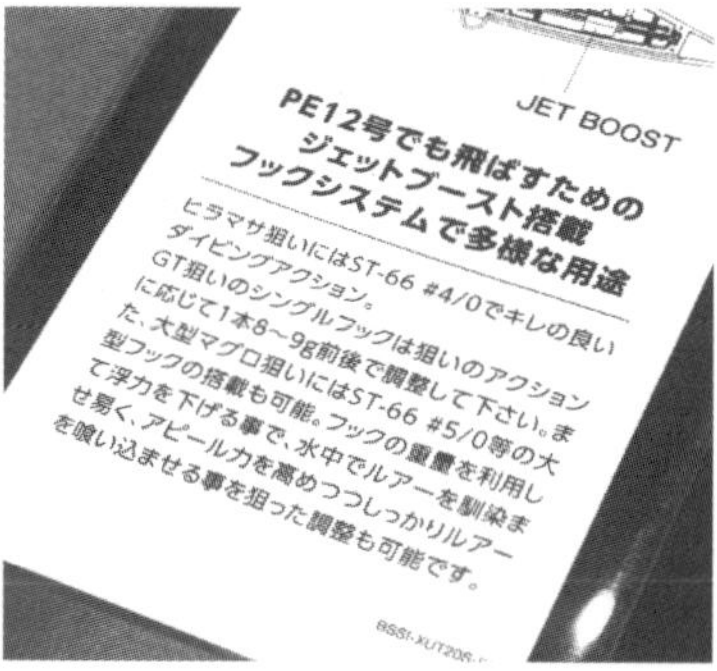

推奨フックの重さやサイズを明記した製品

ハードルアーでは、フックの重さも含めバランスを設計してあるので、製作者の意図のまま使いたいのであれば、元のフックと交換するフックの重量を合わせるようにしたほうがよい。ルアーの中には親切に推奨フックが明記されていたり、フックの自重が明記されているものもある。

また、フックが受ける水の抵抗もルアーの動きに影響を及ぼす。重さを同じにしてもトリプルフックをシングルフックに交換すると、ルアーの動きが全く違ってしまう場合もあるので注意が必要だ。

そして、作者の意図のままのルアーがよいとは限らない。私は、ルアーの飛距離を稼ぐために、わざと重いフックに交換したり、浮力を上げるために軽いフックに交換したりする。こういったチューニングも釣りの楽しみの一つである。

カエシ（バーブ）のメリット、デメリット

フックには基本的にはバーブがある。

バーブの機能は、ハリ掛かりした魚がバレないようにすることと、ワームやエサがズレたり落ちたりしないようにすることだ。

バスフィッシングでは「フックにバーブがあるのが当たり前」という考えで思考停止していて、バーブレスフックはバスの管理釣り場レギュレーションによる使用目的以外で積

極的に採用しようとすることは見受けられない。しかし、バス釣りのトッププロの中にはこっそりとバーブを潰して使用している人も少なからずいるようだ。

確かに、バーブはメリットがあるが、デメリットもあることは知っておいたほうがよい。デメリットとしては、ハリの途中にバーブという出っ張りがあるので、次にも詳しく書くが、貫通力が低下しバラシやハリの伸びや折れが発生する可能性が高まる。魚に対するダメージが大きくなる。人間に対して危険性が高くなる。

私は、このメリットとデメリットを天秤にかけて、バーブを潰して使用することもある。

バラシ（フックアウト）の考察

せっかくルアーに掛かった魚がファイト中やランディング時にバレてしまうことがある。

フックアウトする原因としては、「フックが伸びてしまう」「フックが折れてしまう」「刺さっていたフックがすっぽ抜けてしまう」「浅掛かりで口切れしてしまう」などが考えられる。

まず、「フックが伸びてしまう」「フックが折れてしまう」については、タックルバランスから選択したフックの強度が弱すぎる（ライン強度、ロッド強度よりフックの強度が弱い）からであるが、盲点として、きちんとフッキングできていないことが原因のケースが意外と多い。

多くの釣り人が「フックが伸びる」「フックが折れる」原因をフックそのもののせいにする。

しかし、そもそもきちんとフッキングが決まって、フトコロまでフックが貫通していれば、本来の強度が発揮されてフックはそうそう折れたり伸びたりしないものだ。

次に「刺さっていたフックがすっぽ抜けてしまう」についても、前者と同じくきちんとフッキングできていないケースが多い。バーブが貫通していていればキャッチ後にフックを外すのに難儀する経験は誰にでもあるだろう。ラインテンションを掛け続けていれば、たとえバーブがなくとも魚はそうそうバレるものではない。

バーブレスが当たり前のマスのルアー釣り堀やヘラブナ釣りで「バーブレスはバレてしまってどうしようもない」という話は聞かない。

さて、ここまでのバラシの解決方法としては、「貫通性能のよい細軸のフックを使用する」「バーブレスを使用する」「フッ素コートのフックを使用する」「フックのポイント数を減らす」といったことが考えられる。

ただし、ラバージグやメタルジグ、プラグなどでも、自重のあるルアーで激しく頭を振ったりジャンプする対象魚を釣る場合には、自重のあるルアー自体が振り子の役目をして非常にバレやすい。この場合は、やはりバーブの必要性を感じる。

「フックのポイント数を減らす」というのは、トリプルフックなどは、魚がバイトしたと

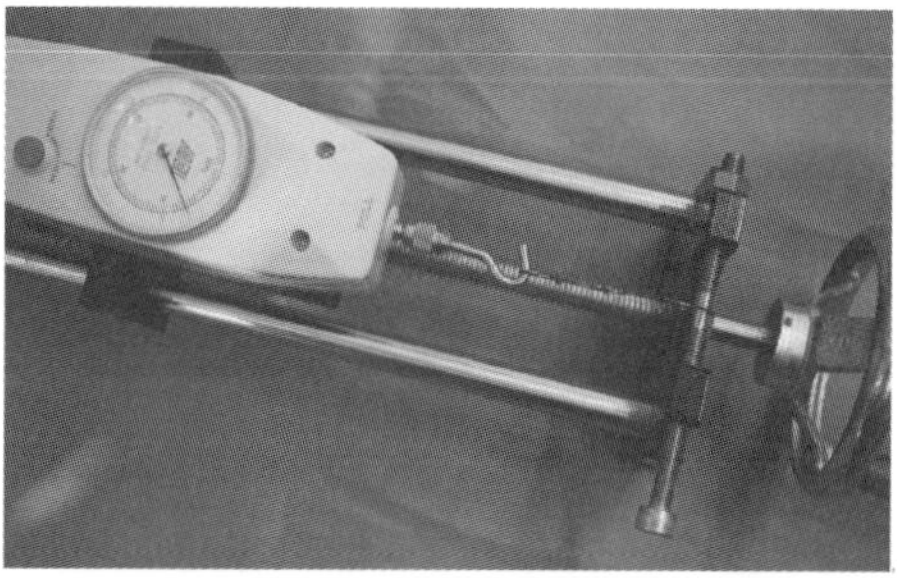

フッキングの違いによるフック強度テスト実験（下）。
違いは一目瞭然だ

フッキングがしっかりと決まり、フックがフトコロまで貫通した状態を再現して計測

フッキングが不十分で浅掛かりした状態を再現して計測

きに複数のフックポイントに掛かってしまう。そこからフッキングしても力が分散してしまい、フトコロまでフックが貫通せず浅掛かりになってしまうということである。

また、前後のフックに引っ掛かってしまった場合には力のベクトルが違う方向になってしまうので、同じくフッキングパワーが思ったように伝わらない。トリプルフックを使用するハードルアーでどうしてもバラシが多発する場合は、ダブルフックやシングルフックに替えると解消する場合がある。ただし、確かにフックポイント数が多いほうがバイトしたときのハリ掛かりの確率は上がるので、悩ましいところである。

運悪く、唇に「浅掛かりで口切れしてしまう」ものに関しては、対処法がなかなか見つからない。

昔、故・本山博之氏が「ハイリフト・ハーフテンション」というテクニックを提唱していたことを思い出した。

このテクニックは春先のバスを、サスペンドシャッドで釣るテクニックなのだが、この時期のバスはまだ活性が低く、ルアーを深く吸い込まない。テールフックの1本が、かろうじて皮一枚で掛かることが多く、無理にテンションを掛けると口切れしてバレてしまうことが多発するそうだ。そこで解決策として、ロッドを高く立ててドラグを緩めあまりテンションを掛けずに遊ばせると、やがて腹のフックが顔周りに「スレ」でフッキングして皮一枚掛かったテールフックとスレ掛かりした腹のフックがダブルで掛かることでランディングの成功率を上げることができるというものだ。

ちょっと邪道な気もしたが、なるほど色々と考えるものだと当時感心した記憶がある。

「フックチューニングは悩ましくも楽しい」

現在、私はマグロ釣りに熱くなっていることを前にお話しした。

釣り方はいろいろあるが、できればルアーキャスティングのスタンディングでマグロを釣りたいのだ。

使うルアーのフックシステムについてはいつも悩み、迷い、正解が見つからない。

たくさんヒットさせることができるのならば、トライアンドエラーを繰り返して正解を導き出すことができるが、検証するチャンスがほとんどないので、経験者から意見を聞いたり、現場で他人がファイトしているのをサポートしながら観察するしかないのだ。

トリプルフックにすると、フックポイントの数が増えるのでハリ掛かりの可能性が高まる。しかし、前に説明したように、ハリ掛かりした後は、シングルフックのほうが貫通力が高く、フックに変な力が掛からないのでキャッチ率が高まる。また、同じ重さのトリプルフックとシングルフックであれば、シングルフックのほうがワイヤーが太いので丈夫である。そして、シングルフックのほうが空気抵抗が少ないので飛距離が出るというメリットもある。

そして、バーブに関してもバーブレスのほうが貫通力が高いし釣り人に対しても安全性が高いが、バーブ付きのほうが貫通してしまえばバレにくい……。

先日も、誰もが知るマグロ釣りのプロアングラー2人にフックはどうしているのか聞いてみた。2人とも迷わず「トリプルフック一択」と答えた。理由を聞くと「私たちはカメラの前で釣りをして、とにかく「尺」を作らないと番組にならない。魚がルアーに食いつて、フックアップしなければ「尺」にならないんですよ。確かにキャッチのことだけを考えればシングルフックがいいかもしれないけれど。私たちは「魚をキャッチすること」よりも「尺を稼ぐ」ことを優先しなければならないので、トリプルフックなんです」と言っていた。なるほど、テレビに出ているプロアングラーと一般アングラーではそもそも目的が違うと感じた。

色々な人に意見を聞いてみても、前出のプロアングラーの話のように、目的が様々なので10人に聞けば10通りの答えが返ってくる。どの答えも間違いではないので、優柔不断な私は、何度もフックシステムを変更した。今のシステムが正解かどうか分からないが、いろんなことを考えながらフックをいじり回すのが実は楽しかったりする。

余談となるが、ハードルアーの中には、使い込むとルアーのボディーにローリングマーク（フック跡）が付くものがある。「使い込んだ勲章」のように自慢する人もいるが、私はこのローリングマークが大嫌いだ。よく考えてほしい。ローリングマークが付くということはハリ先がルアーに干渉しているということだ。1投毎にハリ先が甘くなっているということだ。この、ハリ先がボディーに干渉してしまう問題は、技術的にどうにかならないものかといつも思う。

最後に、重要なことを書いておこう。フックは単にルアーの付属物ではない。「ルアーはフックを含めて1つのルアーである」ということだ。ハードルアーもソフトルアーも使用するフックを替えれば全く別物になるということである。さらには、逆に「ルアーのほうがフックの付属物」なのかもしれない。おっと、これ以上は書かないでおこう。

2章 ラインの話

アングラーと魚をつなぐ文字通り「命綱」の、ややこしい現状を正しく理解するために

ラインは、釣り道具の中で魚とあなたをつなぐもっとも重要なタックルの一つである。正に命綱といえるラインだが、店頭で見ていると釣り人の多くは、その選択にあまりにも無頓着だ。また、ほとんどの釣り人が、釣りイトの真実を知らない。あなたはラインを選ぶときに、何を基準に選んでいるだろうか。

カッコよくて分かりにくい釣りイトのパッケージ

ラインを選ぶときには当然「素材」「強度」「太さ」「長さ」「色」など、自分が求める条件を考えて選ぶだろう。ただやっかいなのは、それらの表記が分かりづらかったり、項目によっては明確に規格化・統一されていないため、比較が難しいものもあるということだ。パッケージやカタログには様々な数値が表記されているが、その意味を正しく把握することによってライン選びもより深く楽しいものとなるだろう。

以下、それらの意味を詳しく説明していこう。

ラインを選ぶ時に、まず真っ先に考えるのは素材であろう。ラインの素材には、ナイロン、フロロカーボン、エステル、ＰＥといろいろある。これらの特性の話は様々なところに詳しく書いてあり賢明な読者の皆さんはすでにご存じだと思うので、本書ではしない。

ただ、素材に関しては最初の選択肢であるにもかかわらず、前出のとおりパッケージの表記は非常に分かりづらい。これには何かメーカーの思惑があるのだろうか。

確かにラインのパッケージのデザインは横文字が並びカッコいいが、肝心なことがよく分からない。メーカーの営業が来る度に「おたくのラインは、ナイロンだか、フロロなんだか、PEなんだか分かりづらいよ。しかもラインの色もパッケージを開けなければ分からない」「しかもFluorocarbonなんて横文字で書かれても、釣り人はあまり頭がよくないんだから読めないんだよ（冗談で）！　どうにかしてくれ！」とケンカをするが、一向に改善される気配はない。

あまりにも不親切なので当店ではディスプレイに分かりやすく表記している。

横道にそれたが、本書ではちょっと違った視点からラインを考察してみよう。

「統一化されていないラインの強度表記」

ルアーフィッシングでは素材の次に選択する項目はおそらくラインの強度であろう。

確かにルアー向けのラインのパッケージには一番大きく目立つように○○[lb]と記載されている。一般的にルアーフィッシングのラインの強度は「ポンド（lb）」で表記される。このポンドはラインの直線の引っ張り強度で、1ポンド＝0・453……kgf（以下、便宜上1ポンド＝0・45kgfとする）の強度であることを示している。

仮にあなたが4lbと表記されているラインを購入したとしよう。果たしてそのラインの強度は1・8kgf（4ポンド×0・45kgf）の強度があるということなのだろうか。

オジーズ店内の壁一面に２列で陳列されたライン商品の数々。あまりにも多いので、ひと目でお客さんが分かるようにライン素材を色分け表示してある

店頭に並ぶラインの様々な表記をよく観察していただきたい。ポンドの表記を見てみると、「lb TEST」「I.G.F.A. class」「lb over」となんだか微妙に違いがあることに気づくだろう。

ラインは、何百メートルと長く1本のラインの中でも多少太さや強度のばらつきがある。明確な定義はないが「lb TEST」とは、「実際に破断テストをしらた○ポンドありましたよ（おそらく最低値）」。「最大強力」は「その読みのとおりで一番強いところが○ポンドですよ」ということであろう。「I.G.F.A. class」については話が長くなるので後に記す。ただ単に「○lb」としか書いていないものは、このライン全体の中での一番弱いところの値を示しているのか、または一番強いところの値を示しているのか、はたまた平均値を示しているのであるのか分からない。誠実なメーカーの表記にはMAX 4lb（最大値が4lbですよ）やAVG 4lb（平均値が4lbですよ）と明記してあったりするが、明記されていない商品のほうが多いかもしれない。

釣具の表記に関しては（一社）日本釣用品工業会（以下、日釣工）が、消費者の利便性や釣用品の公正かつ自由な競争の促進を目的に釣具の標準規格を定めている。

しかし、釣りイトの強度表記に関しては、「強度等に関しては、各企業の裁量に委ねる」となっており、明確に統一されていないのが現状だ。

前に「ラインは長いのでその中で多少太さや強度のばらつき（細い＝弱い部分と太い＝強い部分）がある」と書いた。しかし、日本製のラインは非常によくできているので、そ

さまざまなライン表記例

一見どれも同じ「4 lb」ライン。表記をよく見ると……

2 kg test class dia:0.180mm

最大強力 5 lb 1 号 (0.165mm)

4 LB

最大強力 5.5lb 1 号（0.165mm）

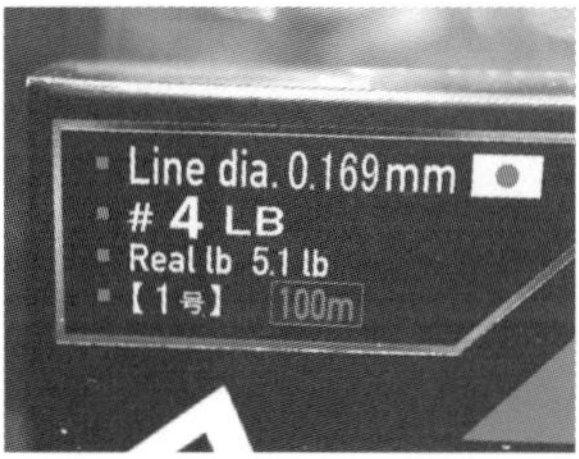

Real lb 5.1lb 1 号 Line dia.0.169mm

「I.G.F.A.」の文字を強調したデザインのライン。スペックは 30LB. 15kg I.G.F.A. class dia.0.520mm

こちらは「0.6 号 2.5lb. over 3lb. (1.5kg) test class dia.0.128mm」と表記されたライン

の誤差は通常の使用の範囲では無視できるくらいに小さい。

しかし、よくこんな会話を聞くことがある。「A社の○○（ラインのブランド名）は4lbで太さが0・18㎜だけれど、B社の××は4lbで0・169㎜しかない。だからB社の××のほうが細くて強いからいいラインだ」。これは一見正しいように思えるが、本当のところは分からない。先に書いたとおりA社とB社の4lb表記は、それぞれ最大値なのか平均値なのか最小値なのか分からないし、その測定条件も同じとは限らないので、厳密には比較ができないのだ。

このように、表記方法が統一されていないということは、悪知恵のはたらく人であればラインの特性を恣意《しい》的に歪めることも不可能ではない。

さらにやっかいなのは、一般的にはナイロンやフロロカーボンラインでは3lbは0・8号、4lbは1号といった既成概念がある。実際は平均強度が5lbあるが、太さは1号（0・165㎜）なので「使用感は4ポンド」という意味で4ポンドという風に表記している商品もある。

もう、ラインの強度表記に関しては、カオス状態である。早く統一して頂けることを願う。

「モノフィラメントライン（ナイロン・フロロ）の太さ（号数）は規格化されている」

モノフィラメントのラインは、その断面が真円ではないとしてもノギスやマイクロメーターで測ることができる。よって日釣工では、ナイロン糸・フロロカーボン糸・ポリエステル糸の標準直径について、次のとおり定めている。

1　ナイロン糸・フロロカーボン糸・ポリエステル糸の太さ標準規格は、別表（次頁）を標準直径とする。
2　ナイロン糸・フロロカーボン糸・ポリエステル糸の許容範囲は、上限・下限の直径が、前後の号柄の標準直径を追い越さないものとする。ただし、実直径は、限りなく標準直径に近付けることとする。
3　強度等に関しては、各企業の裁量に委ねる。
4　標準直径の計測方法は、製品の一点を三方向から計測した平均値とする。

※ＪＡＦＴＭＡ（一社）日本釣用品工業会ＨＰ「釣糸ＪＡＦＳ基準」より

ここで別表（次頁）をよく見てほしい。号数と太さは単純な比例関係にはなっていない。2号は1号の2倍の太さ、10号は10倍の太さではないことには注意が必要だ。これは、号数という規格の誕生に由来する。詳しくは後に述べる。

また、よく見ると、例えば平均直径が０・１５０㎜のラインは０・８号と表記しても１・０号と表記してもよいということになる。言い換えると、「Ａ社の○○（製品名）の０・８

号表記のライン」と「B社の××（製品名）の1・0号表記のライン」は同じ太さということもあり得る（実際には、製品を作るときにはできたラインの太さを測って号数を決めるのではなく、平均直径が何ミリにするか決めて作るので、そのような可能性は少ないであろうが、前出の強度と同じく恣意的に誤認させることも可能である）。

ナイロン糸・フロロカーボン糸・ポリエステル糸の標準直径

号柄	標準直径	号柄	標準直径
0.1	— 0.053 mm	8	— 0.470 mm
0.15	— 0.064	10	— 0.520
0.2	— 0.074	12	— 0.570
0.25	— 0.083	14	— 0.620
0.3	— 0.090	16	— 0.660
0.35	— 0.097	18	— 0.700
0.4	— 0.104	20	— 0.740
0.5	— 0.117	22	— 0.780
0.6	— 0.128	24	— 0.810
0.8	— 0.148	26	— 0.840
1	— 0.165	28	— 0.870
1.2	— 0.185	30	— 0.910
1.5	— 0.205	40	— 1.050
1.75	— 0.220	50	— 1.170
2	— 0.235	60	— 1.280
2.25	— 0.248	70	— 1.390
2.5	— 0.260	80	— 1.480
2.75	— 0.274	90	— 1.570
3	— 0.285	100	— 1.660
3.5	— 0.310	110	— 1.740
4	— 0.330	120	— 1.810
5	— 0.370	150	— 2.030
6	— 0.405	200	— 2.340
7	— 0.435		

※ JAFTMA（一社）日本釣用品工業会 HP「釣糸 JAFS 基準」を元に作成

「ＰＥライン等の号数は太さを表わしたものではない」

ＰＥラインなどのマルチフィラメント（組糸）は細い繊維を編んで（ワイヤーやロープのように組んで）１本のラインにしている。よって、ピンと張った状態と緩めた状態では太さが変わってしまう。また、ノギスやマイクロメーターで測った時につぶれてしまうので、はさむ力加減によっても測定値が変わってしまう。

ちなみにＰＥラインがなぜ組糸なのかというと、ＰＥラインの原糸である超高分子量ポリエチレン繊維はゲル紡糸法という製法で作られており、このゲル紡糸法では安定した太い繊維を作るのが難しいことから非常に細い繊維の本数を調整して編むことによって目的の太さ（強さ）の組糸にしているのだ。

また、ＰＥラインの原糸は日本の東洋紡が「イザナス（旧名ダイニーマ）」という商品名で製造販売しているものと、アメリカのハネウェル社が「スペクトラ」という商品名で製造販売しているものがある。ＰＥラインメーカーは原糸を製造しているわけではなく、原糸メーカーから買って組糸にして（編み込む）製品化している。日本製のＰＥラインの原糸はおそらくほぼイザナスと思われ、様々なブランドが存在するが、原糸はほぼどれも同じということだ。「じゃーどのＰＥラインも同じじゃないか」といわれるかもしれないが、原糸から編み込んで組糸にする方法（４本組や８本組等）やその技術、コーティング方法などによって特性は変わってくるので、そこがラインメーカーの腕の見せ所である。

PEラインは号数が細いほうが値段が高いことが多い。また組数が多いほうが高いのは原材料の価格というより、編むときの手間であるのだ。

少し話がそれてしまったが、PEラインの太さについて話を戻そう。PEラインが組糸のため太さを測りづらいことは前記したが、例えば「A社の1号表記のPEライン」と「B社の1号表記のPEライン」で明らかに太さが違っては、いろいろと具合が悪い。そこで、前出の日釣工ではPEラインの太さ表示を以下のように規格化している。

1 PE糸の太さ標準規格は、別表（左頁）を標準値とする。
2 この規格は、PE100%糸のものであり、コーティング・顔料を含むトータルデニールである。
3 PE糸の太さ標準規格は、単位のデニール（d）表示を使用し、1号＝200dとする。
4 PE糸の許容範囲は、上限・下限のデニールが、前後の号柄の標準値を追い越さないものとする。
5 d(denier)とは、長さ9000m当たりの質量をグラム単位をもって表したものである。
（200d＝200g）
※JAFTMA（一社）日本釣用品工業会HP「PE糸の太さ標準規格」より

要は、ＰＥラインの号数は、単位長あたりの重量をもとに決められているのだ。

ＰＥラインの号数が太さではなく重さが基準となっていることに違和感を覚える方もいるかもしれないが、そもそもナイロンラインが登場する以前は、テグス（天蚕糸）が使われていた。その時代には、０・００何ミリメートルなどを測る手段もなかったので５尺（約１５０㎝）の重さによって、４毛《もう》から１分２厘《りん》までの14種類に分けて太さを表わしていた。

ちなみに毛と厘は、長さではなく質量（重さ）の単位（１厘＝37・５㎎）。単位長当た

別表　PE糸の太さ標準規格

（d= デニール）

号柄	標準値	号柄	標準値
0.1 —	20d	1.7 —	340d
0.15 —	30	2 —	400
0.2 —	40	2.5 —	500
0.25 —	50	3 —	600
0.3 —	60	4 —	800
0.35 —	70	5 —	1000
0.4 —	80	6 —	1200
0.5 —	100	8 —	1600
0.6 —	120	10 —	2000
0.7 —	140	12 —	2400
0.8 —	160	15 —	3000
1 —	200	20 —	4000
1.2 —	240	25 —	5000
1.5 —	300	30 —	6000

※ JAFTMA（一社）日本釣用品工業会 HP「PE糸の太さ標準規格」を元に作成

りの重さの違いを、太さを示すものとして利用したわけだ。

その後、非常に細いものが測定できるようになり、1厘のテグス（1厘柄）の直径がおよそ0・165㎜だったので、ナイロンラインも1厘柄のテグスの太さに相当する「直径が0・165㎜のライン＝1号」となった。

昔の人が測ることができない太さを単位あたりの重さで表現していた手法が、現代の最新ラインの規格に採用されているとは何とも面白い。

PEラインも原糸はどれも同じ超高分子量ポリエチレン繊維なので、テグスと同じように単位あたりの重さを基準とすれば太さが標準化できると考えたわけだ。

ここで1つ注意点を書いておこう。前記のように、モノフィラメントラインとPEラインの号数は「釣糸JAFS基準」により規格化されているが、ラインメーカーの全てが、この規格を遵守しているわけではない。

「さらにやっかいなIGFA規格」

ゲームフィッシングの世界には世界（日本）記録というものがある。それを管理しているのが米国フロリダ州に本部を構えるIGFA（International Game Fish Association）で、世界記録を認定するために世界共通のルールを定めている。

日本では非営利団体であるJGFA（Japan Game Fish Association）が日本記録の

All Tackle World Records

Line Class	Weight	Location	Catch Date	Angler
All-Tackle(tie)	10.12 kg (22 lb 4 oz)	Lake Biwa, Shiga, Japan	02-Jul-2009	Manabu Kurita
All-Tackle	10.09 kg (22 lb 4 oz)	Montgomery Lake, Georgia, USA	02-Jun-1932	George W.Perry

※参照：IGFA HP

管理、世界記録への申請窓口として活動している。

記録の重量部門ではオールタックル部門とラインクラスで釣りあげられた最大魚のカテゴリーがある。

また、レングス・レコードという記録もあるが、ここでは書かない。

オールタックル部門はライン強度60kgまでで釣りあげられた最大魚（重量）の記録。

ラインクラスは11のクラスで男女別に釣りあげられた最大魚（重量）の記録である。

例えばオオクチバスのオールタックルでの世界記録は22ポンド4オンスで、「1932年6月2日にジョージ・W・ペリー氏が米国モンゴメリー湖で釣りあげたバス」と「2009年7月2日に栗田学氏が琵琶湖で釣りあげたバス」がタイ記録である。

1kg（2ポンド）クラスの世界記録は「1992年6月1日にロベルト・クルピ氏がキャッチした6.7kg（14ポンド12オンス）」である。

10kg（20ポンド）クラスの世界記録は「1989年1

月8日に米国キャスティーク湖でDan Kadota氏がキャッチした8・63kg（19ポンド0オンス）」である。それぞれのカテゴリー、クラス毎に世界記録があるのだ。

ボクシングに階級がありミニマム級（47・62kg以下）の世界チャンピオンがいて、ライトフライ級（48・97kg以下）にも世界チャンピオンがいるのと同じ感じである。

オオクチバスの世界記録を狙おうとするときには、まずはＩＧＦＡの公式サイトから、現在登録されている記録を検索する（https://igfa.org/member-services/world-record/common-name/Bass,%20largemouth）。すると、それぞれのカテゴリーの世界記録を見つけることができる。オールタックル部門の世界記録を狙うなら直線強度60kg以下のラインで栗田氏らが釣りあげた10・12kgより大きなバスを釣らなければならない……。10kg以上のバスとのファイトの難しさというより、10kgのバスが生息するところを見つけるほうが難しい。しかも、例えばフロリダの湖にレコードフィッシュが生息していたとしても、フロリダまで釣りに行くことはなかなか難しい。

しかし、ラインクラス部門に目を向ければ、もしあなたが女性で「W－01kg（2ポンド）のクラス」の世界記録を狙うのであれば、「直線強度1kg以下のラインで2・18kg」より大きな魚を釣ればよいのだから可能性がありそうだ。

世界記録を狙うためにはＩＧＦＡルールに則った方法で魚を釣り、申請を行なう。申請の際には、その時使用したラインも5m以上（日本記録も同時に申請する場合は10m以上）添付する。そのラインを、同時に強度が確かにラインクラスの1kg以下であることを測定

Line Class World Records (Conventional Tackle)

Line Class	Weight	Location	Catch Date	Angler
W-01kg (2lb)	2.18kg (4 lb 13 oz)	Ohoopee River, Georgia, USA	02-Apr-2022	Jennifer Schall
W-02kg (4lb)	5.33kg (11 lb 12 oz)	Lake Dixon, California, USA	28-Apr-2019	Tracy Hartman

※参照：IGFA HP

（ブレイクテスト）して記録を審査してもらうのだ。

例えば、先程の「W－01kg（2ポンド）のクラス」の記録を狙い、直線強度が1kg以下と思われるラインで、3kgのバスを釣りあげて申請したとしよう。1kgクラスで記録申請をして、添付したラインのブレイクテスト値の平均が1kgを超えなければ世界記録に登録される。ただし、使用したラインの平均値が1kgをわずかでも超えてしまった場合（オーバーテスト）は、1つ上のラインクラス「W－02kg（4ポンド）クラス」での申請となってしまう。「W－02kg（4ポンド）クラス」のレコードは5・33kg（11ポンド12オンス）なので、3kgでは残念ながら世界記録とはならない。

ラインの強度がほんのわずか強かっただけで世界記録を逃すこととなってしまうため、IGFA（JGFA）記録を狙っているアングラーは、ラインの強度についてはかなりシビアだ。パッケージに記載されている表記以上に強度があっても困るのだ。普通のアングラーとは逆なのである。

ラインクラス

メートル法（kg）	1	2	3	4	6	8	10	15	24	37	60
ポンド表記（lb）	2	4	6	8	12	16	20	30	50	80	130

※参考：JGFA HP
下段の「ポンド表記」は、クラス表記で使用するラインの強度を表したものではない

だいぶ遠回りになったが、「I.G.F.A Class」と表記のあるラインに例えば2lb Classと書いてあったら、「このラインの最大強度は（およそ）1kgですよ」ということだ（ただし絶対ではない）。

ここで賢明な読者の方は、「あれ、ちょっとおかしくない？」と気づくかもしれない。「2lb＝1kgじゃないよね？」「2lb＝0・9kgじゃないの？」。

さて、ここからがさらにやっかいな話になるのだが、IGFAルールのラインクラス表記で使われている「ポンド」は、一般的なポンド（ヤード・ポンド法、1ポンド＝0・453kg）とは異なることだ。IGFAでもライン強度や魚の重量の測定は基本的にはkg（メートル法）で行なわれているが、その表記の中には、慣習から昔ながらのヤード・ポンドが使用されている。IGFAルールのラインクラスに表記されているポンドはあくまでも表記であって、強度のことではないのだ。

言い方を変えると「I.G.F.A Class 2lb」と記載されているラインの2lbの「lb」はあくまでもクラスの表記で、実際の

強度はおおよそ１kgより弱いが、「２lb＝０・９kg（０・45kg×２）」ではないかもしれないということになる。

まあ、ＩＧＦＡ記録を狙う場合、「IGFA Class の表記の意味合いで２lb」と書いてあるラインを使っても、「ヤード・ポンド法の意味合いで２lb」と書いてあるラインを使っても、どちらもオーバーテスト（測定実強度１kg）を超えないであろうから大きな問題にはならないけれどね……。

でも、本気で狙うのならオーバーテストしないぎりぎり上限に近い強度のラインを使いたいと思うのが人情である。

ラインの色について

ラインの色については議論の分かれるところであろう。

これは後のリーダーの項でも詳しく書くので、ここではあまり触れないが、ラインには透明なものと色の付いたものがある。ＰＥラインはそもそも組糸なので透明ではない。

私たち人間の感覚を基準とすると、透明なほうが見えにくいので魚に警戒心を抱かせないようにも思える。

しかし、色が付いていたほうが、人間からの視認性が高まるので有利になる。

結論からいうと、私はラインの色に関してはさほど釣果には関係ないのではないかと

フライフィッシング・リーダー

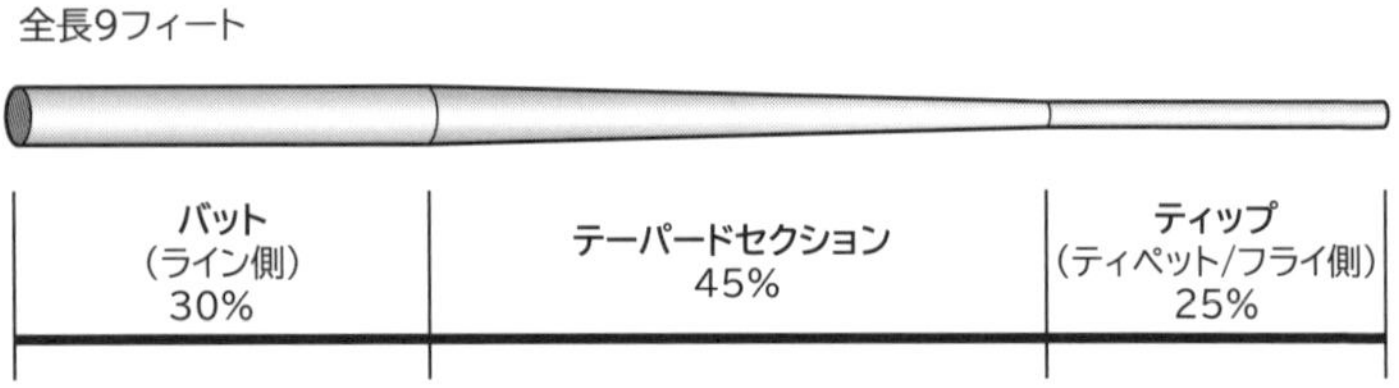

※用途に応じてさまざまな全長、各セクション比率、
テーパーのリーダー製品が市販されている

思っていてあまり気にしてはいない。それよりもラインがルアーに及ぼす影響が重要だと考えている（理由は後述）。

フライのリーダー（ティペット）の規格

フライフィッシングで使用するリーダーの規格に関しては「X《エックス》」という表記が使用されている。フライのリーダーはテーパーになっていて、先に行くほど細くなる。一番先の細い部分をティペットと呼ぶが、このティペットの太さを○○Xと表わす。Xの規格は、0Xの標準直径を0・011インチとして、Xの数字が増えるごとに0・001インチずつ細くなるというものである。紛らわしいのは、「数値が大きくなれば細くなる」ということだ。一般的な規格とは逆なのである。初めてフライフィッシングをする方は混乱するだろう。まあ、そう決まっているといわれてしまえばしかたないことなのだが……。

以前に大手メーカーのフライ担当者が営業で来店してこんなことを言っていた。

営業「いやー、フライは年々人口が減ってっちゃって、全然新しい人が入ってこないんですよね～」

私「だって、増やす気がないんでしょ？　増やす気があるようには見えないもの」

営業「(ちょっと怒り気味に) そんなことないですよ！　入門者用の動画をつくったり、フライ教室やったりしてますよ！」

私「じゃー何で、リーダーの太さの表記はXのままなんだよ」「ルアーの人がフライをやろうとしたって、こんなの分からないよ」「たしかに、文化だからX表記をやめろとは言わないけれど、その横に何で5X（1号・4lb）と併記しないんだよ。そうすればもう少しハードルが下がるんじゃないの？」「わざと難しい表記にして、敷居を高くして、初心者がフライフィッシングに入ってくるのを妨害している勢力があるんじゃないの（笑）」

営業「……」

私が言ったからかどうか分からないが、その後そのメーカーのリーダーやティペットには号数、太さ、強度が併記されるようになった。

3章 ルアーの話

魚がルアーに食いつく理由について、私たちは、従来説以外の重要なことに気がついていないのではないだろうか

「よく釣れるルアーを教えてください」

店頭で「どのルアーがよく釣れるんですか」としょっちゅう聞かれる。釣り人であれば、「よく釣れるルアー」は、タックルの中でも一番関心のあるところであろう。しかし、考えてみて欲しい。本当に「よく釣れるルアー」があるのなら、こんなにもたくさんの種類が存在するだろうか。

確かに、それぞれのルアーを生み出した開発者は並々ならぬ情熱を注ぎ「よく釣れるルアー」であると確信して世に送りだしたのであろう。しかし、開発者とユーザーは、タックルのセッティングも、スキルも、使う場所も、考え方も違うのである。

結論から言ってしまうと、万人にとって「釣れるルアー」というものはないし、逆に「釣れないルアー」もない。

ルアーはエサではない。単に木片やプラスチックや塩ビの塊に過ぎない。そのルアー自体が「釣れる」「釣れない」を論じても意味がないのである。重要なのは、そのルアーをどう使うかだ。

ルアーは疑似餌と訳される。すなわちニセエサ。魚の食べているエサに似せて演出し、どれだけ魚をだませるか、そう考えると分かりやすい。しかし、「lure」の意味は「引きつける、誘引する、誘惑する」である。「疑似餌」であれば「artificial bait」もしくは「fake bait」であろう。かのジェームズ・ヘドンは「ルアーの外見を現存する生物に似せることによって得るものはない」という名言を残している。ルアーとは、本物のエサでもニセのエサでもない木片やプラスチックや塩ビの塊を、その使い手がいかに操作し「引きつけ」「誘引し」「誘惑し」食いつかせるかという道具であり、これがルアーフィッシングの醍醐味《だいごみ》といえるのではないだろうか。

確かに、ルアーの性能として、「よく飛ぶ」「よく潜る」「根掛かりしづらい」などの違いはあるし、同じような条件で釣果の違いがあったりするので、ルアー自体に「釣れるパワー」のようなものが存在するように思えるのが悩ましい。

魚はルアーになぜ食いつくのか

魚はなぜ本物のエサではないルアーに食いつくのだろうか。

既存の理論には、「エサと間違えて」「好奇心」「攻撃」「リアクション」からルアーに食いつくと言われている。このような理論は、私たち人間の思考からとても理解しやすい。

しかし、本当に魚はルアーをエサと間違えて食いついているのだろうか?

仮にそうであるならば、ルアーは本物そっくりなほうが釣れるはずだし、製造販売されるルアーも、全て本物そっくりになっているはずである。しかし、そうはなっていない。

もしかしたら、魚は多くの場合ルアーをエサだと思って食いついているわけではないのではないだろうか。

確かに、先に書いたように、魚の行動を自分に置き換えて（擬人化して）考えたくなるし、そうしたほうが理解しやすい。また、業界側もユーザーに対しては分かりやすいセールストークのほうが売上につながるだろう。

私は長い間、様々な釣りを経験し、釣具屋という立場から多数のルアーを取り扱い、それを使ったお客様からフィードバックを得てきた。また、自分自身もそれらのルアーを使用してきた。そんな中で、いくら思考を巡らせても、既存の理論だけでは「魚がルアーに食いつく」理由の全てに答えるには矛盾が多すぎるのだ。

既存の理論が全て間違いとは言わないし、確かにエサと思って食いついていると感じる場合もある。

もしかしたら、私たちは重要なことに気がついていないのではないか。

そこで、一度既成概念をリセットし、「なぜ魚はルアーに食いつくのか」という他の理由を考えてみた。

重大な間違い

人は自分の思考外のことを理解しようとするのは苦手である。例えば中国、東南アジア、朝鮮半島の一部では犬を食べる文化があるそうだ。犬を人間の伴侶として扱う日本人にとっては、とても理解しがたい野蛮な行為として映る。それとは逆に、イギリスやドイツ、アメリカではタコを「デビルフィッシュ」と呼び、それを食べる日本文化は理解できないようである。

人は、自分の価値観や感覚を超越したものに対しては理解するのが難しい。そこで、ついつい「自分が魚だったらどうだろう」と魚の行動理由を擬人化して考えてしまう。まずはこれが最初のボタンの掛け違いなのではないだろうか。

そもそも魚類は私たち哺乳類とは違う。魚は変温動物であり、脊椎動物の中でも最も下等な動物である。魚類の脳は非常に小さく、思考を司《つかさど》る大脳新皮質はほぼないに等しい。最近の研究では魚にも論理的思考や感情のようなものが存在するということも発表されているが、仮に魚に思考能力や感情があったとしても、私たちが想像するそれらとはかなり違うものであることは間違いないだろう。

確かに、私が飼っているピーコックバスのピー子ちゃんは、私が水槽の前に立つと、クレクレダンスをしてエサをねだる（ように見える）し、マスのルアー釣り堀では、明らかにルアーにスレて同じルアーでは釣果が落ちていくことを経験するので学習しているようにも見える。そのような行動を目の当たりにすると、魚にも私たちと同じような思考能力や学習能力や感情が存在していると信じたくなる。

しかし、そのように単純に考えてしまうことで、間違いを犯しているのではないだろうか。

魚は単純な装置？

私は、次のようなプロセスで「魚がなぜルアーに食いつくのか」の仮説をたててみた。

①まず、魚がルアーに食いつくプロセスの既成概念である「ルアーを発見する」→「本物のエサかどうか見極める」→「本物のエサと判断する」→「ルアーに食いつく」いう思考を介したプロセスを一旦否定してみた。

②次に、私は、魚の行動は「生命維持（摂餌や外敵からの逃避、環境適応等）」と「繁殖」という原理にのみ支配されている装置であるのではないかと考えた。分かりやすく言うと、「テレビのリモコンのスイッチを押す」→「テレビが点く」といった単純なものであるようにだ。

③②のように仮定した場合、魚がルアーに食いつく理由は「ある刺激（シグナル）を受ける」と、思考を介さず反射的に「ある行動（バイト）が起こる」という無条件反射のようなものと定義できるだろう。

④「ルアーから発せられるある刺激」→「反射的にルアーに食いつく」と定義したならば、「ある刺激」とは何なのかを以下のように考察してみた。

生物は基本的に生命維持や繁殖に意味のない刺激に関しては知覚しないようにできている。例えば人間では、可視光線以外の波長の光線（紫外線や赤外線）は知覚できない。これは人間にとって可視光線以外の波長の光線は、あまり重要ではないことを意味する。しかし、紫外線や赤外線を知覚できる生物もいる。これと同じく、魚が私たちと同じような刺激を受け取っているとは限らない。例えば、ルアーのラトルなどは、「ジャラジャラ音がするルアーはアピールが強く、サイレントモデルはスレた魚に効く」というのは、人間の感覚的にはそのように思えるが、魚にとっては全く関係ないことかもしれない。また、反対に私たちが知覚できない刺激を、魚は知覚できて、それが非常に重要なことであるかもしれない。

「魚はルアーを「エサだと思って食いついていない」としたら……」

これから書くことは真実ではないかもしれない。今まで書いてきたように、私がルアーフィッシングの矛盾を思考の中で整理整頓《せいとん》し組み立てた仮説であって、とんだ与太話であるかもしれないことに注意していただきたい。ある程度は正しいのではないかと思っているが、それを検証するには私にはあまりにも時間が足りない……。もし、時間を十分にかけることができたところでそれを証明することは不可能かもしれない。

さて、いよいよ本題に入ろう。魚はなぜルアーに食いつくのか？

先に、魚は単純な装置でルアーに食いつくのは「物体から発せられるある刺激」→「反射的にルアーに食いつく」と書いた。では、物体から発せられる「ある刺激」とは何であるか。

私は水中にあるルアーからは2つの刺激（シグナル）が発せられていると考えている。1つが「本物のエサであるというシグナル」（リアルなカラーや動き、匂いなど。以降これをポジティブと書く）、もう1つが「偽物であるというシグナル」（リアルではないカラーや、不自然な動き、違和感のある匂い等。これを以降ネガティブと書く）である。通常、私たちはルアーをいかに本物のエサのように動かし、演出し、バスを騙《だま》してバイトに持ち込むかと考える。すなわちポジティブをいかに増大させるかに腐心する。であるから、フィッシングショーに行くと水槽が用意されていて、メーカースタッフがその中でルアーを動かして「見てくださいこの動き！　本物そっくりでしょ！」と言うし、ルアーはいかにも本物そっくりな形のものが多い。また、マッチザベイトという言葉も私たちを惑わすのかもしれない。

しかし、近代のルアーがこの世に誕生して100年以上このポジティブをいかに増大するかという努力を続けて、果たして正解に近づけたのであろうか。いつまで経っても、本当に釣れるルアーは完成しない。そんなとき、前出のジェームズ・ヘドンの言葉を思い出す。ジェームズ・ヘドンは大きなヒントを我々に残したのではないだろうか。

さて、そろそろ私の仮説の本質にせまろう。

例えば、ルアーが水面に着水し、それに気づいたバスがルアーの下まで寄ってくる。ここで「これは本物のエサかな？　偽物かな？　どっちだろー」と迷っているように見えることがある。しかし、苛烈《かれつ》な弱肉強食の自然界では、迷っていたらライバルに横取りされて生き残っていくことはできない。もし、間違えてバイトしてしまっても偽物であれば吐き出せばよいだけだ。

先にも書いたが魚には「偽物のルアーだったら痛い思いをするかもしれないからどうしよう。よく見定めないといけないな」などと考える脳はないであろう。

そこで、逆転の発想で、私は、ポジティブが増大したときにバイトするのではなく、ネガティブが小さくなった（消えた）ときにバイトが起こるのではないだろうかと考えた。そうすると、今まで説明できなかったり、矛盾が生じてしまったことなどを上手く説明できることに気がついたのだ。それに気づいてからは、私はルアーフィッシングをするときには、いかにネガティブを消すかということに注力している。

では、ネガティブの最大の要素は何であろうか。それはズバリ、「ラインがルアーに及ぼす影響」（ルアーがラインによって引っ張られる状態）ではないかと考えている。言い方を変えるとラインにドラッグが掛かる状態である。

ラインスラックが出ている（ラインが弛んでいる・ドラッグフリー）状態であれば、ラインがルアーに及ぼす影響が小さくなるのでバイトを誘発する。

思い返してみるとバイトが出るのは、ラインスラックが出ている時ばかりである。有名アングラーがよく「ラインの気配を消す」「食わせの間」と言うのは、この状態を演出するということなのではないだろうか。

例えば、ジャークベイトをジャークしている時なども、バイトがあるのはジャークしたときではなく、ジャーク後に素早くロッドティップを戻し、ルアーを自発的にダートさせ

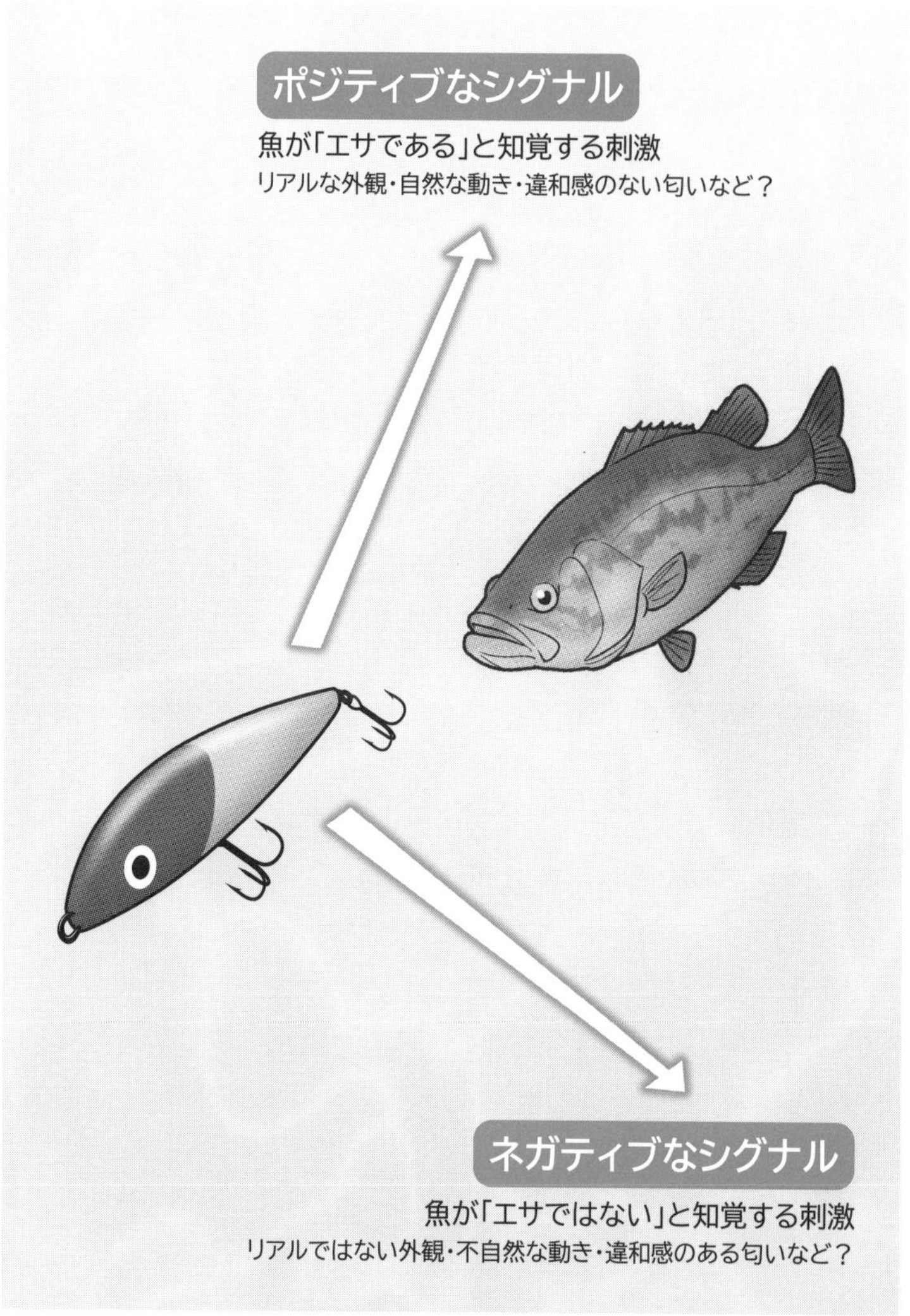
ポジティブなシグナル
魚が「エサである」と知覚する刺激
リアルな外観・自然な動き・違和感のない匂いなど？
ネガティブなシグナル
魚が「エサではない」と知覚する刺激
リアルではない外観・不自然な動き・違和感のある匂いなど？

（この時食っている）、次にジャークした時に掛かっていると感じることがほとんどだ。また、バーチカルにラバージグやメタルジグを使うときにも、リフト中ではなくフォール中にバイトは集中すると感じる。流れのある川でミノーを使ったり、ワームのイモ転がしをするときも、河岸に立って川の斜め上流（アップクロス）にキャストしルアーをドリフトさせる場合も、下流に流れきって、ルアーがターンする瞬間にバイトが多発する。これはトラウトルアーの世界でもU字効果、フライフィッシングの世界ではスイング効果として有名なテクニックである。U字効果やスイング効果についての解説はいくつかあるが、やはりそのキモはドラッグフリーであると思う。

そこで、「じゃ、引っ張り続けているバイブレーションやクランクベイトはなぜ釣れるのさ」と言うかもしれない。バイブレーションやクランクベイトは自動ドラッグフリー発生装置で、ルアーを正面から見た場合、まず、ルアーがラインに引かれ、水の抵抗を受けて左右どちらかかに振れ、限界に達すると一瞬運動は停止し死点が発生する。次に反対方向に振れ出す。そしてふたたび限界に達すると……という動きを繰り返す。この死点での運動の停止こそがドラッグフリー状態なのではないだろうか。バイブレーションやクランクベイトはこのドラッグフリー状態が、非常に早いピッチでパッ、パッ、パッと起こっており、その瞬間にバイトが誘発されるのではないか。それを人間目線で考えるとそんなことは……と思うかもしれないが、先にも書いたが、人間目線で魚のことを考えると過ちを犯す。例えば鳥などは目にもとまらぬ速さで飛び回っているが、決して障害物に衝突する

ドラグフリー（死点）発生時にネガティブシグナルが減少するイメージ

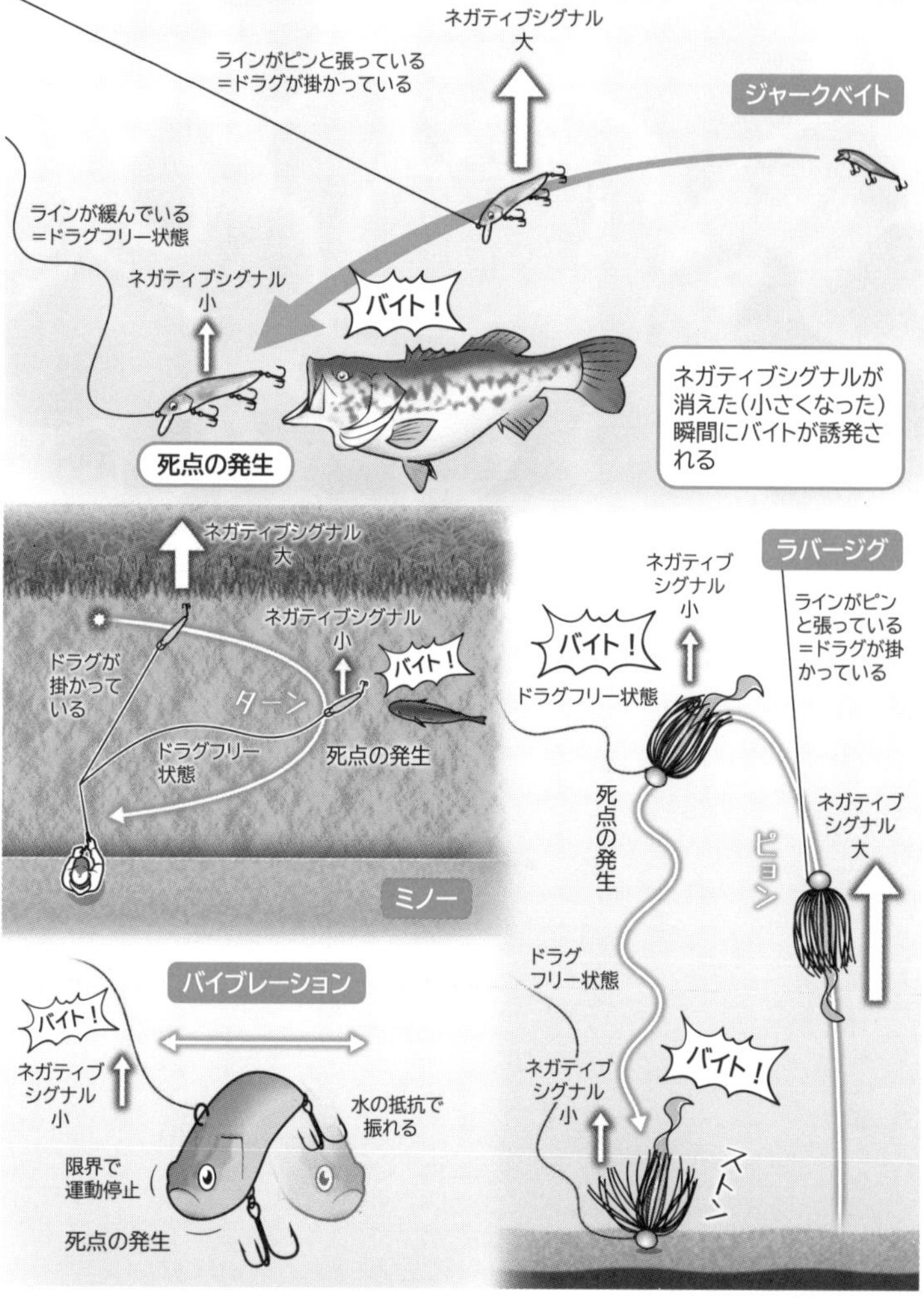

ことはないし、網で捕まえようとしても、私たちの運動神経では太刀打ちできないのである。すなわち彼らの感覚や運動能力は私たちの想像を超えて別次元なのである。

今まで書いたように、ラインを引っ張ることによりルアーに蓄えられたエネルギーが、ラインの影響から解き放たれた瞬間にルアーの外側に放出される（エネルギーのエントロピーが増大する）ように見えることから、私はこの法則を「バイトのエントロピー増大の法則」と名付けている。

くどいようだが、この理論はあくまでも私の推論であって、全く間違いであるかもしれない。また、魚がルアーに食いつく理由は当然1つだけではないだろう。そして今まで考えられていた既存の理論も間違いではないだろう。また、今回私が考えた理論が食いつく理由の1つであるかもしれない。さらには、人間には考えが及ばないようなメカニズムがあるのかもしれない。

正解は永遠に見つからないかもしれないが、いろいろと思考を巡らせるのも釣りの楽しみの一つではないだろうか。

「ルアーの選び方」

では、どのようにルアーを選んだらよいのだろうか。ルアーそれ自体の「釣れる」「釣れない」はよく分からない。分からないことをあまり考えてもしょうがないないので、私は、「ルアーの機能」に着目して選ぶように心がけている。

どのようなシチュエーションで、どのような状態の魚を狙いたいのか、その魚を効率的に攻略するにはルアーにどのような機能が必要なのかということを考える。

例えばバス釣りの場合で説明しよう。バス釣りでは「春はミノー」と言われる。実際、春先にミノーを使う人は多いのではないだろうか。では、なぜ「春はミノー」なのだろうか。春先にはバスが小魚を好んで捕食しているということなのだろうか。

私も、春先のプリスポーンのバスを狙う時にはミノーやシャッドをよく使う。その時に選ぶルアーに求める「機能」は、「よく飛ぶ」「2mくらいまで急速に潜航する」「しっかりサスペンドする」「軽くトゥッチしたときに移動距離が少なく、身もだえるようなアクションをする」である。

では、なぜ春先に、ルアーにこのような「機能」を求めるのか。

春先のバスはまだ活性が低く、速く動くルアーを活発に追い回す状態ではない。冬から春にかけてバスは深場から徐々に浅場へと移動してくる。一気に浅場に上がってくるのではなく、何か障害物（俗にいうセカンダリーポイント）にとどまりながら移動してくる。その、セカンダリーポイントにとどまっている活性の高くないバスの鼻面にミノーを送り込むのだが、バスのフィーディングゾーン内でミノーをまるでワームのようにネチネチと動かすのだ。すると、活性の低いバスもやがてしびれを切らしたように、ミノーに寄ってきてついばむようにバイトする。決して引ったくるようなバイトではない。手元やラインにわずかに違和感を覚えるくらいの変化しか感じられない。トリプルフックが付いているミノーであれば、その時に勝手にハリ先が引っ掛かってくれるからこそ捉えることの出来るアタリである。仮にワームを使っていたら、おそらく感じることもできないままバスはルアーを吐き出してしまうだろう。春先に求める機能は、バスのフィーディングゾーン内に長くとどまり、ネチネチとアピールし、バスが食いついたら勝手にハリ掛かりしてしまうルアーだ。だから、私は春先にミノーを使うのである。

また、「冬には深場でメタルジグやメタルバイブ」を使うのが定番となっている。バスは寒くなると金属が食べたくなるというのだろうか。私は冬にメタル系のルアーが効果的である理由を次のように考えている。魚類のような変温動物がもっとも嫌うのは温度変化である。例えば金魚を買ってきた時にはいきなり水槽に放り込むのではなく、買ってきたポリ袋のまましばらく水槽に漬けておき、水温を合わせてから水槽内に放すだろう。また、ヤマメの放流などをするときには、水槽車の水温と放流する川の水温をチェックしてから放流する。その差が5℃以上あると、かなりの割合で放流した魚は具合が悪くなってしまう。変温動物にとっては、急激な温度変化は命取りなのである。人間の感覚でいうと、寒い冬は、日だまりのような暖かい場所を好むように思えるが、そうではなく、温度変化の少ない場所を好むといったほうが正しいかもしれない。

冬のバスが深場や風からプロテクトされたワンドの奥を好むのは、そこが温度変化が少ないからである。風が当たると寒いからではない。しかし、その場所にいるバスは水温が

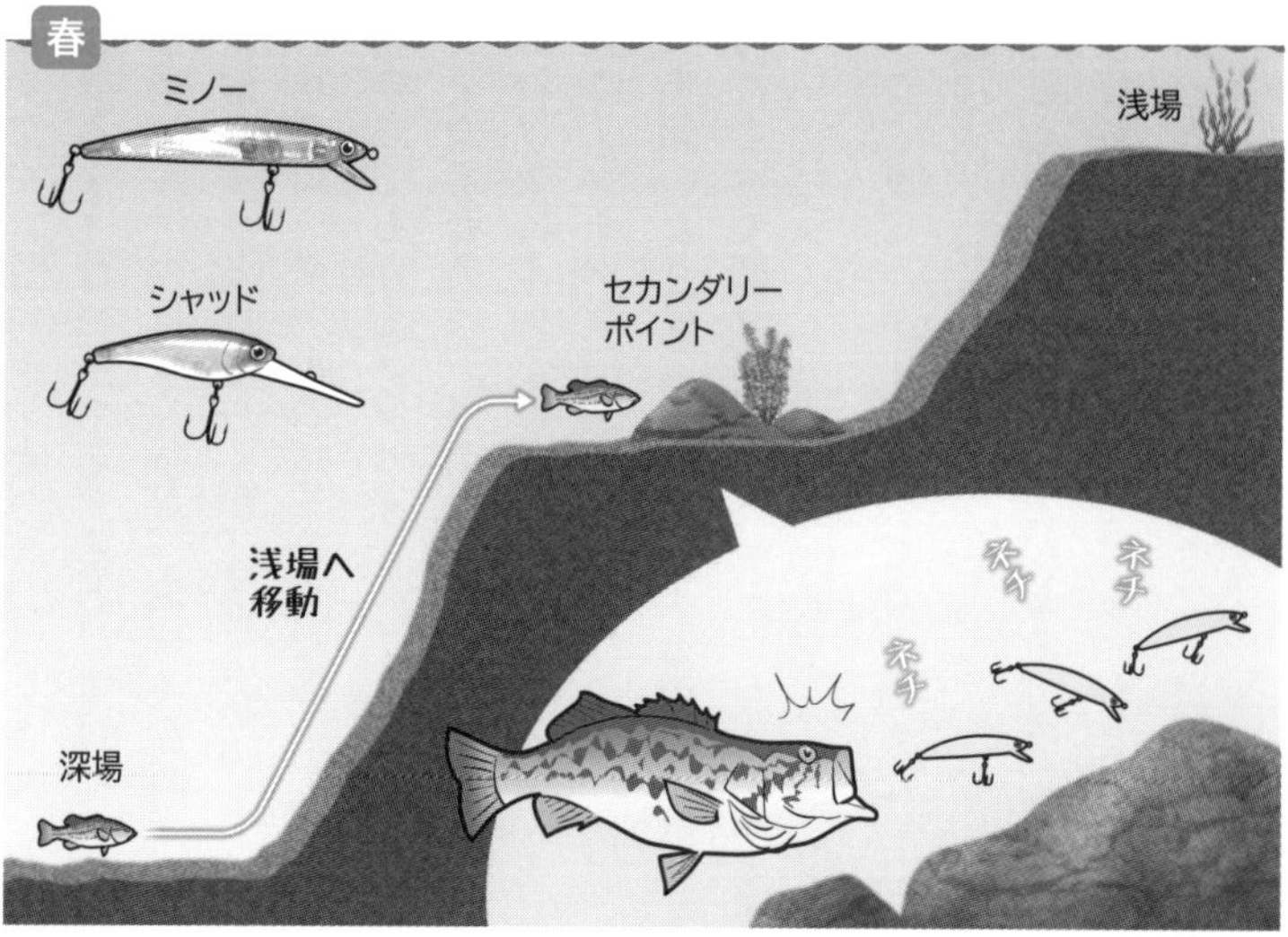
春
ミノー
シャッド
浅場
セカンダリーポイント
浅場へ移動
ネチ
ネチ
ネチ
深場

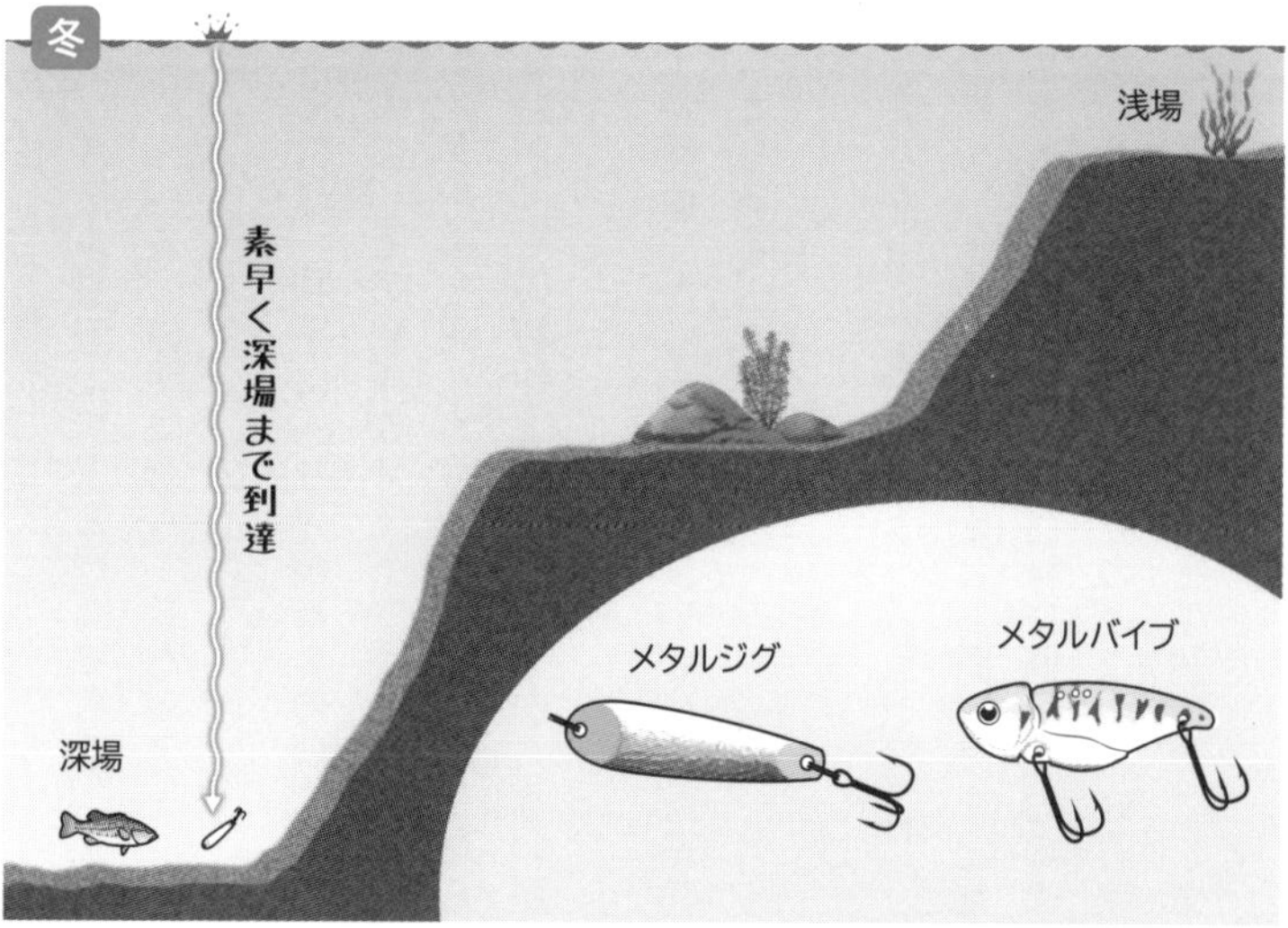
冬
浅場
素早く深場まで到達
深場
メタルジグ
メタルバイブ

低いので活性は高いわけではないので、適水温時のように積極的にルアーを追い回し、引ったくるようなバイトをするわけではない。そこで、メタル系のルアーの登場である。メタル系のルアーはよく飛び、素早く深場まで到達する。バスの鼻面に落ちてきたルアーにバスはパクリと食いつくが、盛期の魚のように引ったくるようなバイトではない。それでも、トリプルやダブルのハリ先がむき出しのルアーであれば、勝手にハリ先がバスの口に引っ掛かる。しかもメタル系のルアーは比重が大きいので、その自重がオートフッキングの助けとなるだろう。多分、ワームなどを使っても、メタル系と同じくらいか、もしかしたらそれ以上にルアーに食いついているのかもしれないが、その特性上バイトが分からないが故にフッキングに至らないだけのように思える。

　上記のように、私がルアーを選ぶのは「ルアーの機能」からのことが多いが、状況や魚種によってはマッチザベイトからルアーを選ぶこともある。

　ここまでルアーについて身も蓋もない話をしてきたが、そんな私でさえ「特定の条件で」「特定のタックルセッティングで」「特定の操作方法で」使うと、明らかに「釣れる」と思えるものに巡り合うことがある。そんな経験をするとルアーにはそれ自身に何か魔力のようなものが内在するのではないかと信じたくなる。人生において「世界のどこかにいる運命の人」を探し続けるように、ロマンチストの私は懲《こ》りずにまたルアーを1個買ってしまうのだ。

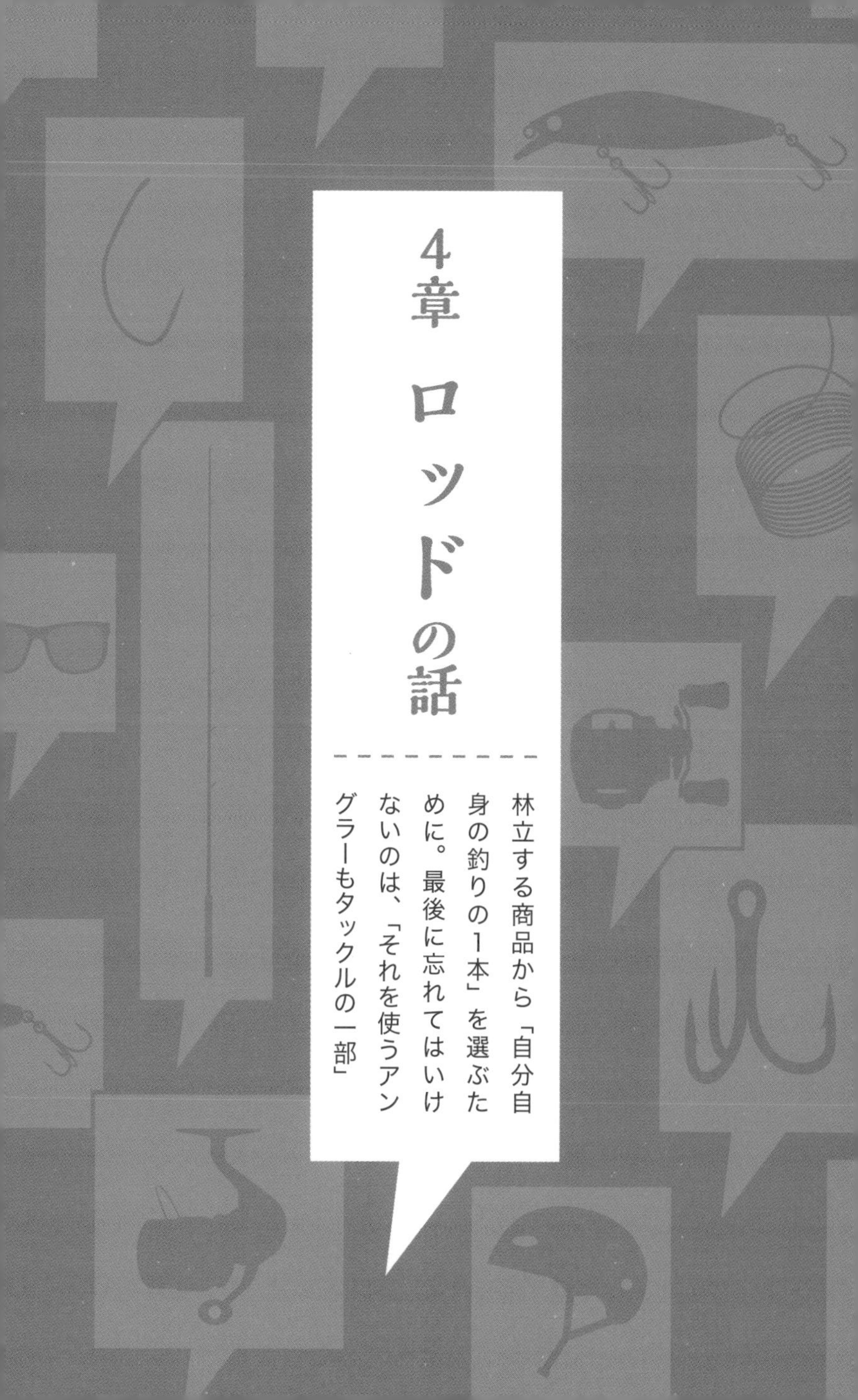

4章 ロッドの話

林立する商品から「自分自身の釣りの1本」を選ぶために。最後に忘れてはいけないのは、「それを使うアングラーもタックルの一部」

ロッドの性能

よく、ロッドについて「このロッドは高性能だ」というふうに一口で語られることがある。そう言われるとなんだかすごいロッドで、使ったら自分が無敵になれるような気がする。しかし、ロッドの性能というものは、一口に「良い」「悪い」で語れるようなものではない。

それを車にたとえると分かりやすいだろうか。日本が世界に誇るスーパーカーである日産のGT‐Rで考えてみよう。確かにGT‐Rは「高性能」かもしれない。しかし、それは「舗装路を高速で走行する性能」であって、全ての条件で高性能なわけではない。道なき道を走行するオフロードにおいては「低性能」であり、ファミリーキャンパーにとっても「低性能」である。

車選びではどんな条件においてもパーフェクトという車はない。よって、車を選ぶ際には自分がどんな条件で運転するのか、それに対してどんな性能を求めるのかを考えて選ぶのは当然である。

ロッド選びも車選びと似ていている。どんな条件においてもパーフェクトというロッドはない。自分がどんな条件で釣りをするのか、それに対してどんな性能を求めるのかを考えて選ぶのは当然である。

それでは、ロッドに要求される性能にはどんなものがあるだろうか。まず、ルアーを魚のいるところに届けるための「キャスト性能」。キャストした後にルアーを意のままに動かす「操作性」。水中の様子や魚のアタリを伝える「感度」。そして魚の硬い口にしっかりとフックを突き刺す「フッキング性能」。首尾よくフッキングに成功したならば魚の口からフックが外れてしまわないように、また、ラインに瞬間的な衝撃が伝わってラインブレイクしてしまわないサスペンションのような「ファイト性能」。さらに、重いルアーを投げたり大きい魚とファイトするときに簡単に折れてしまわないような「強靭性」などであろうか。

しかし、すべての性能がパーフェクトであることは物理的にあり得ない。どれかを伸ばせばどれかが引っ込むのである。

例えば、ワームを使ったバス釣りでの「キャスト性能」と「操作性」を考えてみよう。「キャスト性能」とは、手でルアーを投げるよりロッドを使ったほうが遠くへルアーを投げられるということである。たとえば、矢を遠くへ飛ばすのに、弓を使ったほうが遠くへ飛ばせることをイメージすれば分かりやすすだろうか。弓もロッドも「曲がる」ことによりエネルギーが蓄えられる。そのエネルギーを矢やルアーを放出する時に瞬間的に運動エネルギーに変換し、手で投げるよりも放出スピードが高められるので遠くへ投げることができる。すなわち、「キャスト性能」とは、ロッドがある程度「曲がる」必要性があるということだ。一方、「操作性」のよいロッドとは、この釣りでは手を動かしたらロッドティップもそれに遅れることなく動いてワームをリニアに動かせるスティックな、いわば「曲がらない」ロッドであろう。「曲がる」が「曲がらない」という物質はないので「キャスト性能」と「操作性」はこの釣りのでは相反するといえる。

バス釣りのトーナメントプロがワーム釣り用のロッドに最も要求するのは「操作性」であろう。よって、概ねこの釣り方の競技用ロッドは、操作性はピカイチだが投げにくいものが多い。

それでは、トップウォーターのペンシルベイトをスケーティングさせて使う場合を考えてみよう。この場合、「キャスト性能」はワームを使った釣りの場合と同じくある程度「曲がる」ほうがよいだろう。操作性についてはペンシルベイトを大きくスケーティングさせるには、ワームの釣りとは反対にロッドは大きく「曲がったほうが」具合がよいかもしれない。とすれば、この釣りの場合は「キャスト性能」と「操作性」は相反しないこととなる。

しかし、ペンシルベイトを動かすにしても、スティッフなロッドのほうが操作しやすいという人もいるかもしれない。

すなわち、「キャスト性能」や「操作性」と言っても、「キャスト性能」は好みやスイングフォーム、体力など人それぞれであるし、「操作性」も釣り方や好みも皆それぞれで一口に語るのは難しい。

私が「キャストしやすい」「操作しやすい」と感じるロッドが、万人がそう感じるとは限らない。

「ロッドのパワー？」

ロッドの特性のなかで、我々が客観的に数値で理解できるものは、重量と長さしかない。ロッド選びで重要な要素である硬さに関しても、ロッドには様々なベンディングカーブ（曲がり具合）が存在するのでそれを客観的に数値化することは困難である。

例えばA社の66Mという表記ロッドを使用していて、「同じ長さでもう少し硬いロッドが欲しいな」と思ってB社の66MHのロッドを購入して使用してみたら「A社のロッドより柔らかいじゃないか！」といったことはよくあることだ。

ロッドの硬さを表わすMやMHは、各メーカー共通の基準や規格ではないのだ。分かりやすく言えば、その「ロッドを企画した人」の主観で付けられていたりするのでほとんどあてにならない。

余談となるが「ロッドを企画した人」とあえて書いたのは、「ロッドを企画した人」と「ロッドを設計するエンジニア」は同一ではないことが多いかもしれないからだ。

分かりやすく言うと、オジーズオリジナルロッドの製作を私が企画したとしよう。「ロッドを企画した人」は私であるが、私がロッドの金型であるマンドレルのテーパーを設計し、原材料のカーボンシートの種類を選定し、そのカッティングパターンをデザインするわけではない。このような技術的な部分は「ロッドを設計するエンジニア」が行なうのだ。当然「ロッドを設計するエンジニア」は、硬さを数値化する方法論をそれぞれ持っているが、それは、企業秘密でエンジニアによってまちまちである。さらに、その数値化された設計図（データ）を見せられたところで、我々はそれを理解することはできないだろう。

さらには、この硬さを「パワー」と言い換えて表現したりするのでさらに勘違いが起こる。何となく「MよりもMHのほうがパワーがある（より強い力で魚を引っ張れる）」と思えるが、そもそもロッドにパワーがあるわけではない。ロッドは人の手で発生した力（パワー）の伝達装置なだけで、ロッド自体が力を発生するわけではない。

MよりMHのほうが強い力で魚を引き寄せられそうな気がするが、力学的に考えれば「手が引く力」と「長さ」が同じであれば、「魚を引き寄せる力」は同じである。逆に、実

7ft-XHのロッドと5.2ft-Lのロッドに同条件（45°に固定）で鉛直下向きに500gfの力を加えた時、固定部（ロッドを手で保持する部分）にかかるトルク（ロッドを保持する力）を測定した。

7ft-XH（長くて硬いロッド）は、保持するのに60.7kgfの力が必要で、5.2ft-L（短くて柔らかいロッド）は、40.4kgfの力しか必要としなかった。

すなわち、同じ力を魚に掛けようとする場合、「短いロッドのほうが楽」ということである。

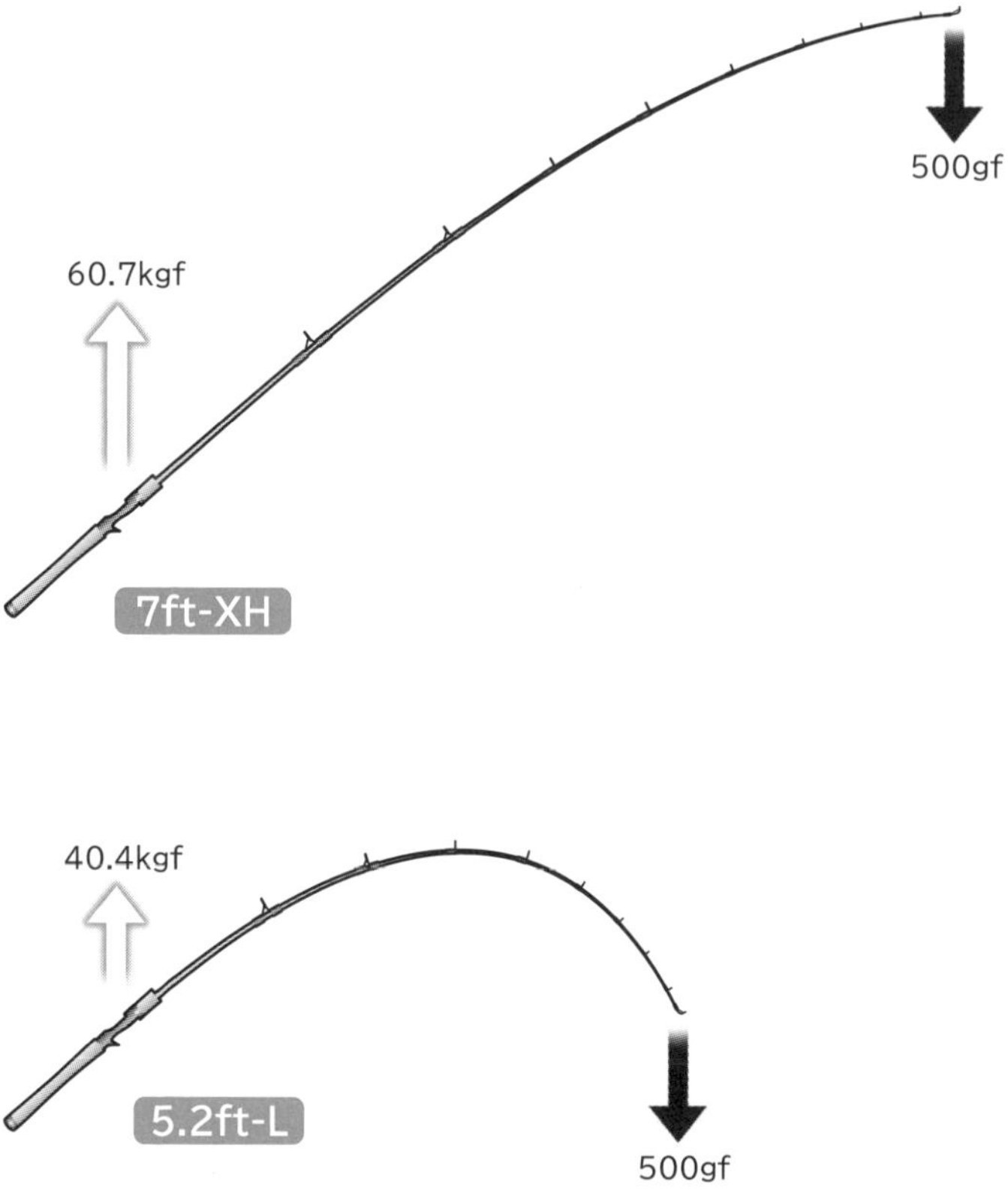

際の使用時にはMのほうが柔らかく曲がるので力点と作用点が短くなり、魚には大きなプレッシャーがかかることとなるだろう。

また、やっかいなことにロッドは限界以上の力を掛けると折れてしまう。入力にロッドが耐えられるように丈夫にしようとすると、ロッドは硬くなるので、大きな魚を釣りあげる＝大きな入力に耐えられる丈夫なロッド≒硬いロッドとなるので、「硬いロッドはパワーがある」と錯覚するのかもしれない。

「ロッドのベンディングカーブ（曲がり具合）の話」

ロッドのベンディングカーブはファストテーパー、レギュラーテーパー……といわれるようにテーパー（先に行くほど細くなり曲がりやすくなる）という表現がされることがある。これは、昔、ロッドが竹やソリッド（無垢素材）や単一素材であった頃に、単純にロッドの硬さ＝ロッドの太さであり、ロッドのベンディングカーブを作り出すために線形テーパーによりロッドが作られていたことに起因するのだと思う。

しかし、現代の技術や素材を使えば、テーパーに頼らずとも様々なベンディングカーブを作り出すことができる。ストレートテーパーでも先調子のロッドが作れてしまうだろう。

このように現代では、素材やテーパーを組み合わせることにより、無限のベンディングカーブを作り出せるようになった。それを客観的に表現することなどとても不可能である。

竹や木などの素材でサオが作られていた時代はロッドの硬さ＝ロッドの太さであり、単純な線形テーパーだったと推察される

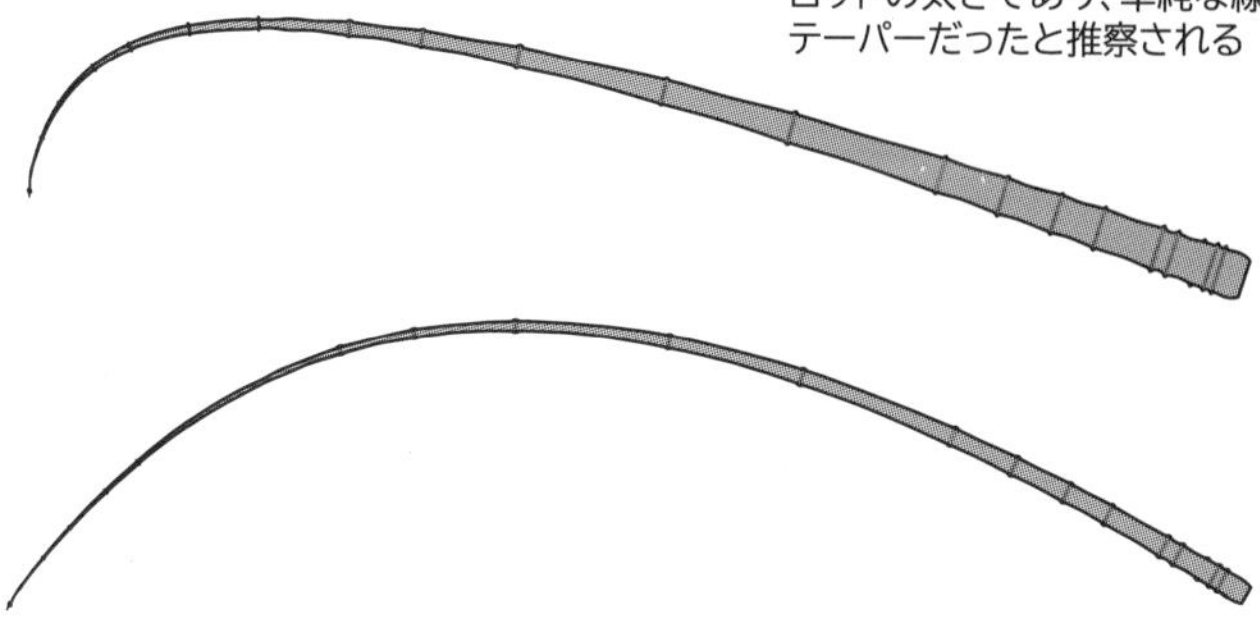

現代ロッドは、さまざまな素材やテーパーの組み合わせにより無限に近いベンディングカーブを生み出せるようになった

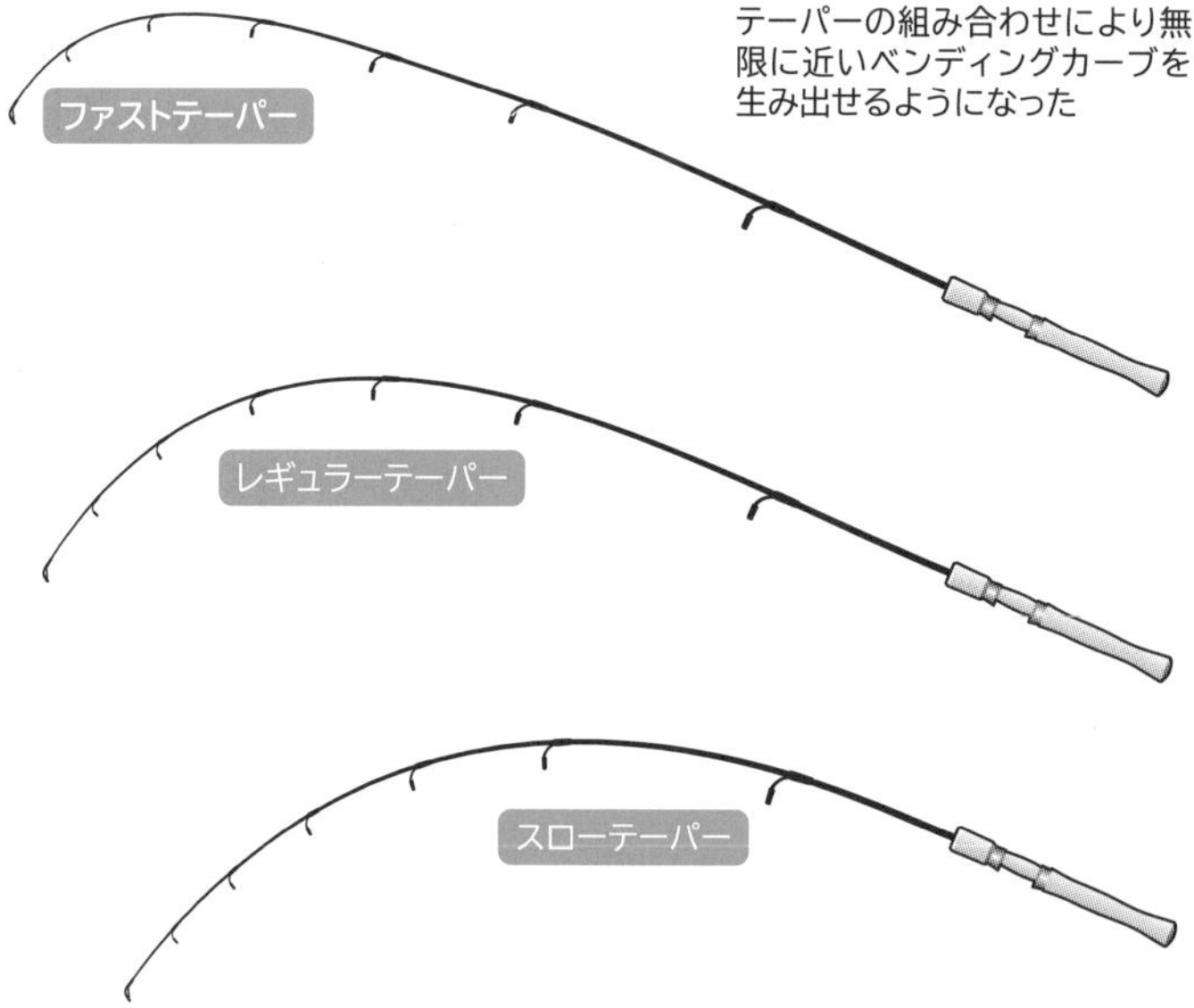

ロッドの重さについて

ロッドの「軽さ」については、セールスポイントとして語られるが、「重さ」ついてはあまり語られることはない。しかし、私はロッドの使用感を左右する大きな要素に、ロッドの重さが大きく関係していると考えている。

例えば、不可能なことだが、全く同じ長さ、重さ、硬さ、ベンディングカーブのロッドを高弾性と低弾性のカーボンやグラス素材でそれぞれ作れたとしたら、できたロッドは物理学的にあたりまえのことだが、それは「全く同じ」ものだと思う。

では、なぜ素材を変えてロッドを作ると、その使用感が変わってくるのか。この使用感の違いの正体は何なのであろうか。

素材を変えて作ったロッドの違いは「重さ」に表われる。では、ロッドの重さが変わると何が変わってくるのかを考えると、ロッドが曲がってから戻る時の「スピード」である。

素材は違うが全く同じ長さ、硬さ、ベンディングカーブのロッドが存在したとしよう。例えばそれぞれに1kgfの力をかけた時に前記の条件であれば曲がる長さは同じである。力を加えた時の条件は全く同じだが力を解放したときにロッドが真っ直ぐに戻る時のスピードは軽いロッド(高弾性の素材で作ったロッド)は速く、重いロッド(低弾性で作ったロッド)は遅くなる。私はこの「返りのスピード」こそがロッドの使用感の正体であると考えている。

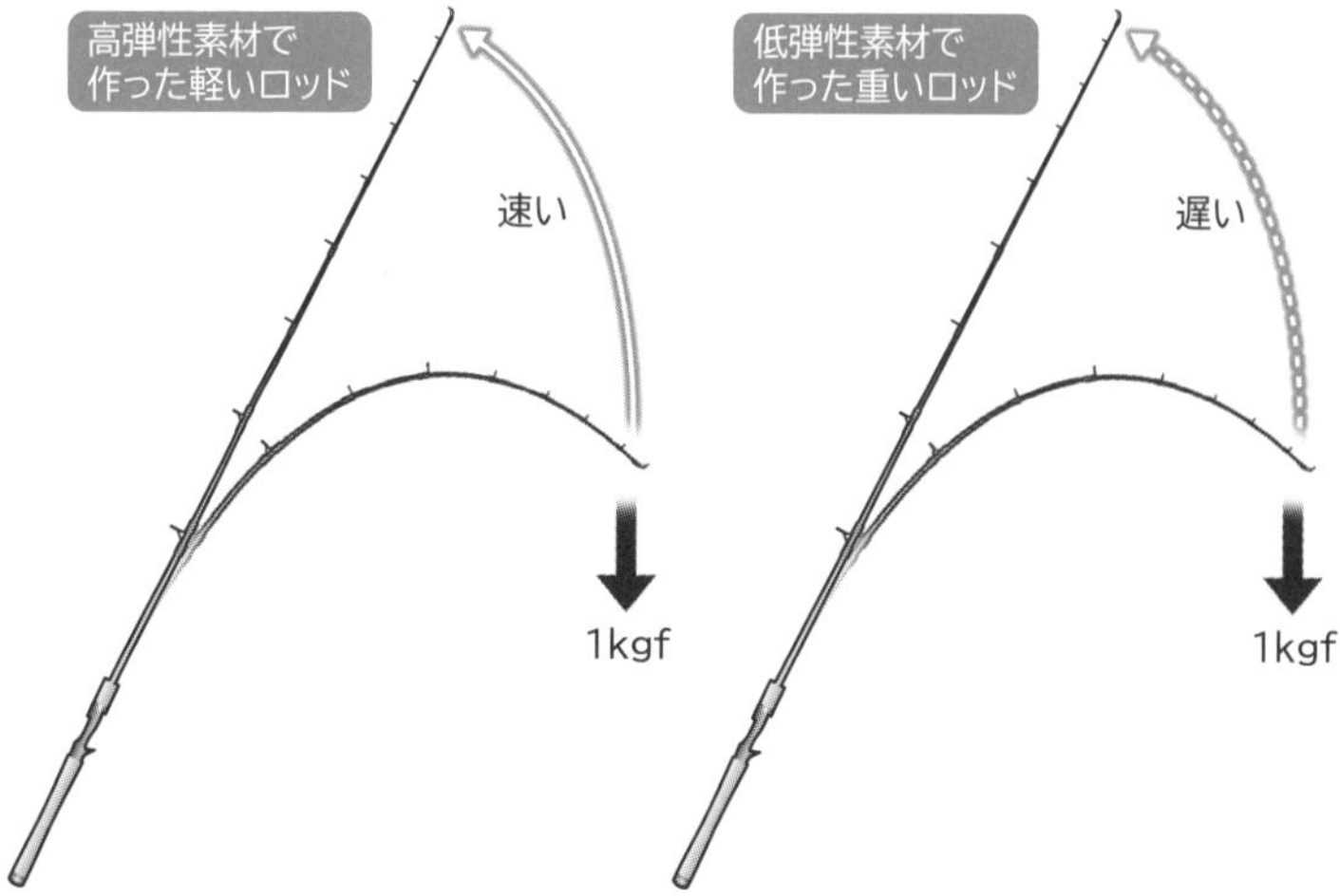

ロッドの進化

１００年以上前のロッドは金属や木材、竹などをテーパー状に加工しロッドのベンディングカーブを生み出していた。

どの素材もその強度は現在の素材ほど強くなく、長くて強いロッドを作ろうとすると、とても重いものになってしまい著しく操作性が悪くなってしまったことだろう。

過去のロッドエンジニアが目指したロッドは「いかに軽く、いかに強く」するかだったかは、容易に想像がつく。ロッドのエンジニアは、その目標を達成すべく様々な試行錯誤をしたことだろう。技術が進歩するに従い、今から70年ほど前にチューブラー（中空）のグラスロッドが開発された。それまでの一般的な素材から比べたら、驚くほど軽く強いロッドを製作することができただろう。そして、今から50年ほど前に現在の主流となっている炭素繊維強化プラスチック素材（カーボン）のロッドが登場した。私が本格的に釣りにのめり込んだのは今から40年ほど前で、当時小学生だった私は、毎日のようにメーカーのカタログを眺めていた。カタログに載っているのはグラスロッドが主流で、カーボンロッドはまだ特別扱いの夢のロッドだった。今、手元にある1983年のダイワのカタログを見ると、バスロッドのフラッグシップであったファントムシリーズでは、カーボン製のキャスティングロッドが2万5千円前後、グラス製が1万円前後となっている。小学生であった私には、廉価版のジェットキャスト（5千円前後・当然グラスロッド）を買うのがやっとの時代だった。初めてカーボンロッドを買ったのは中学生の時で、ダイワのファントムシリーズのフライロッドだった。確か3万5千円くらいしたが、その軽さとシャープさに驚愕したのを今でも鮮明に覚えている。

その後も、次から次へと出る新製品は、前モデルより軽く強くなり、まさに軽量化戦争といった時代が今から10年ほど前まで続いたように思う。

しかし、ある時からどのメーカーも以前ほど軽さを売りにしなくなったような気がする。何人かのエンジニアからこんな話を聞いたことがある。「がむしゃらに、いかにしたらロッドを軽く強くできるかを考えて開発をしてきたけれど、素材や製法もよくなって、もう十分軽く強いロッドが作れるようになった。今よりもさらに軽くて強いロッドを作ろうと思えばできなくはないけれど、もうすでに、『単に軽くて強いからよいサオかというと、そうでもない』というところまで来ちゃったんだよね」。

20年程前に、田辺哲男さんとロードランナー（同氏がプロデュースするノリーズのバスロッド）についてこんな話をしたことがある。

その頃は、よいロッドは「軽くて」「細くて」「シャープ」であるといった「軽さ至上主義」の真っ只中で、ロードランナーはその流れと逆行する少し異端な存在であった。

私「ロードランナーって重いですよね。今時のロッドと比べると」

田辺「お前さ、軽いロッドが欲しいの？　釣れるロッドが欲しいの？　どっちなんだよ！」

私「それはもちろん釣れるロッドですよ！」

田辺「だろっ！　軽いロッドなんてさ、高弾性のマテリアルを低レジンで薄巻きにして、ハイテーパーにして、チタンの小口径のガイドを付ければいいだけだろ。そんなの誰でもできるよ」

「俺はそんなこと、とっくに散々試したんだよ」

「そりゃーロッドは軽いに越したことはないけれど、俺にとって釣れるセッティングがロードランナーなんだよ」

「ロードランナーは、ケチってステンレスガイドを載せてるわけじゃないんだぜ。わざと重くするためにステンレスの大口径を載せてるんだぜ」

私「えっ。なんで重いほうがいいんですか？」

田辺「オレもよくは分からないけれど……。ロッドの返りのスピードが遅くなるからじゃないかなー」

「まあ、店頭で触るだけだと軽くてハイテーパーなロッドがよく感じるんだろうけど、とにかく現場で使ってみてくれよ。オレの言ってることが分かるから」

「軽さ至上主義」の時代に、私はこの言葉の意味がよく分からなかった。しかし、今ならよく分かる。

ミドスト用のロッド？

よく「今度ミドストの釣りをやりたいんで、何かいいミドスト用のロッドを選んでもらえませんか」と相談される。

カタログには「ダウンショット用」「ミドストスペシャル」「ラバージグ&ライトテキサス用」などとそれらしい能書きが書いてある。確かに、ミドスト用のロッドでミドストの釣りをやれば、ミドストが上手にできて、魚がたくさん釣れるように思えるが、はたしてそうであろうか。

例えばあるメーカーのミドストスペシャルと銘打ってあるロッドは、そのロッドをデザインした人にとっては、ミドストの釣りをするにはベストなセッティングなのかもしれないが、万人にベストかどうかは分からない。

過去にミドストの名手といわれた相羽純一氏が作ったミドストロッドと、かの今江克隆氏が作ったミドストロッドは全くの別物であった。それは当然で、ミドストという釣り方もそれぞれでイメージ（狙い）は違うので、要求するロッドの特性も変わってくる。

そもそも、○○の釣りをしたいから、○○用のロッドを買う（使う）というのはナンセンスである。

まず、今持っているロッドでしたい釣りをやってみて、「投げづらいからもう少し柔らかいロッドがいいな」、「長すぎて操作性が悪いので、もう少し短いサオがいいな」などの具体的な要求が出てきたら、それを満たすロッドを買えばよいのである。

別にトラウト用のロッドでバス釣りをしたってよいのだ。

いつからだろう、これ程ロッドの種類が細分化されたのは。ワンシリーズで30アイテムなどはざらである。30年ほど前は、66M‐Fや60ML‐Rなどと長さと硬さとおおよそのベンディングカーブしかロッドには表記がなかった。

かのロッドデザイナーの神様である島津靖雄氏が手掛けた名竿のEDGEシリーズは、各アイテムのベンディングカーブは基本的に全て同じで、長さと硬さ違いのラインナップだけしかなかった。私は今でもこのEDGEシリーズを大事に愛用しているが、別に何の問題もない。

確かに、お金をたくさん持っていて、バスボートに好きなだけロッドを載せて釣りができるのであれば、それぞれの用途毎にロッドを使い分けできるのに越したことはない。しかし、普通のバスアングラーは、オカッパリメインで、釣り場に持ち出せるのはよくて2～3本だろう。だから、高額の専門性の強い競技用のロッドよりも、汎用性の高いバランスのよい低価格のロッドが使いやすかったりする。

車を1台しか所有できないのなら、最先端のスポーツカーよりもSUVのほうが、なにかと使い回しがよいようにだ。

ガイドの話

ルアーロッドにはラインを通すガイドがついている。種類に関しては本書では省略するが、そのセッティングについて少し書きたいと思う。ガイドの大きさや取り付け位置や個数に関しては、デザインする人のそれぞれの考え方があるのでやはり本書では書かない。

しかし、覚えておいたほうがよいのは、つるしのロッド（既製品）は万人向けにガイドセッティングされており、あなたにとってのベストセッティングではないということだ。

ガイドのセッティングで特にトラブルが起きるのはスピニングロッドだ。

トラウトロッドのバットガイドにATガイドというものがある。このガイドは軽量化を図るために一本足にしてあるので、大きさや位置といったセッティングが合わないとよくラインが絡む。

よく、「店長～。ATガイドにラインが絡んでしかたないからKガイドに替えてくれな

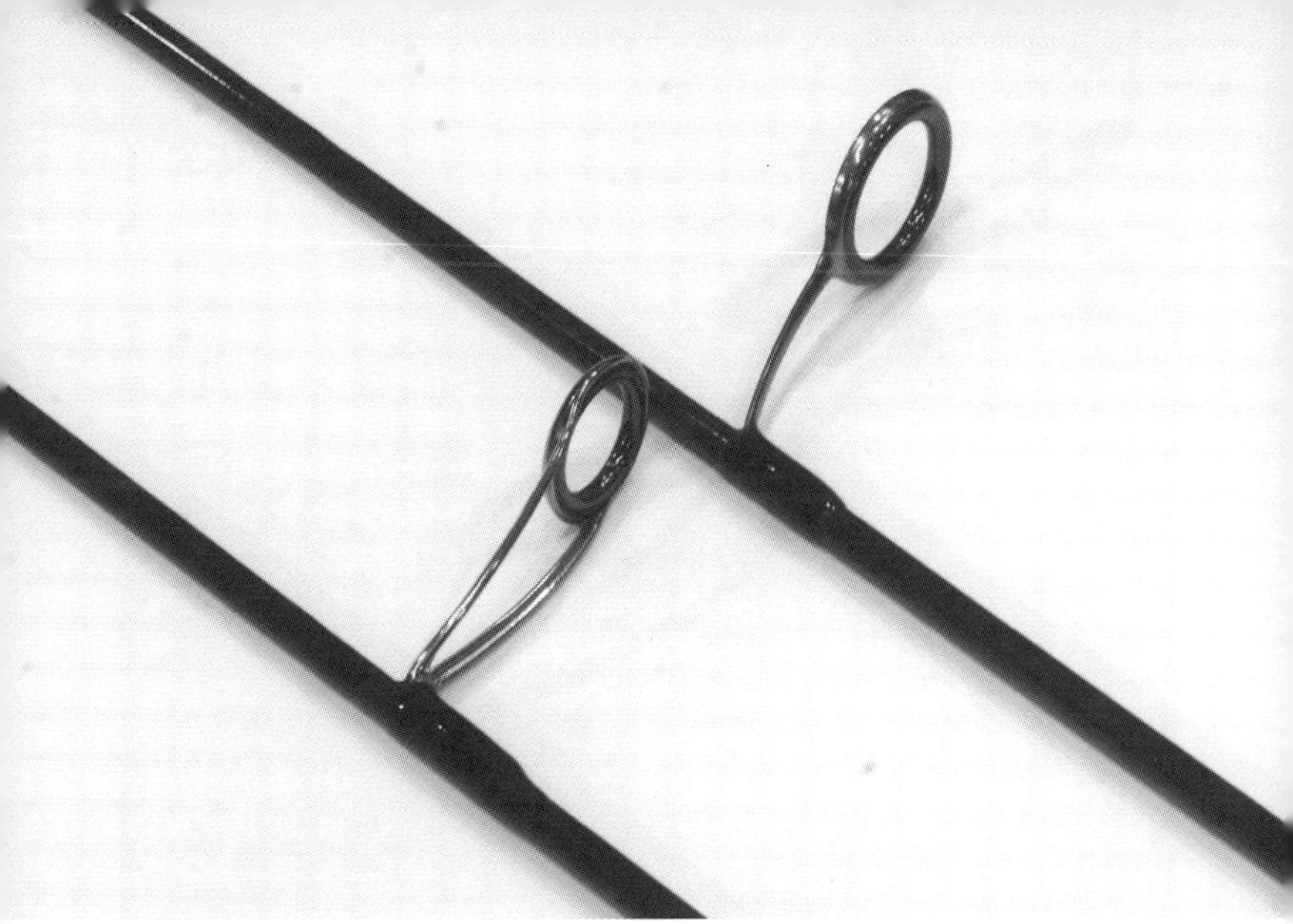

上がATガイド、下がKガイド。ATガイドは、一本足で軽量化されているが、ガイドセッティングがうまくでていないとラインが絡みやすい

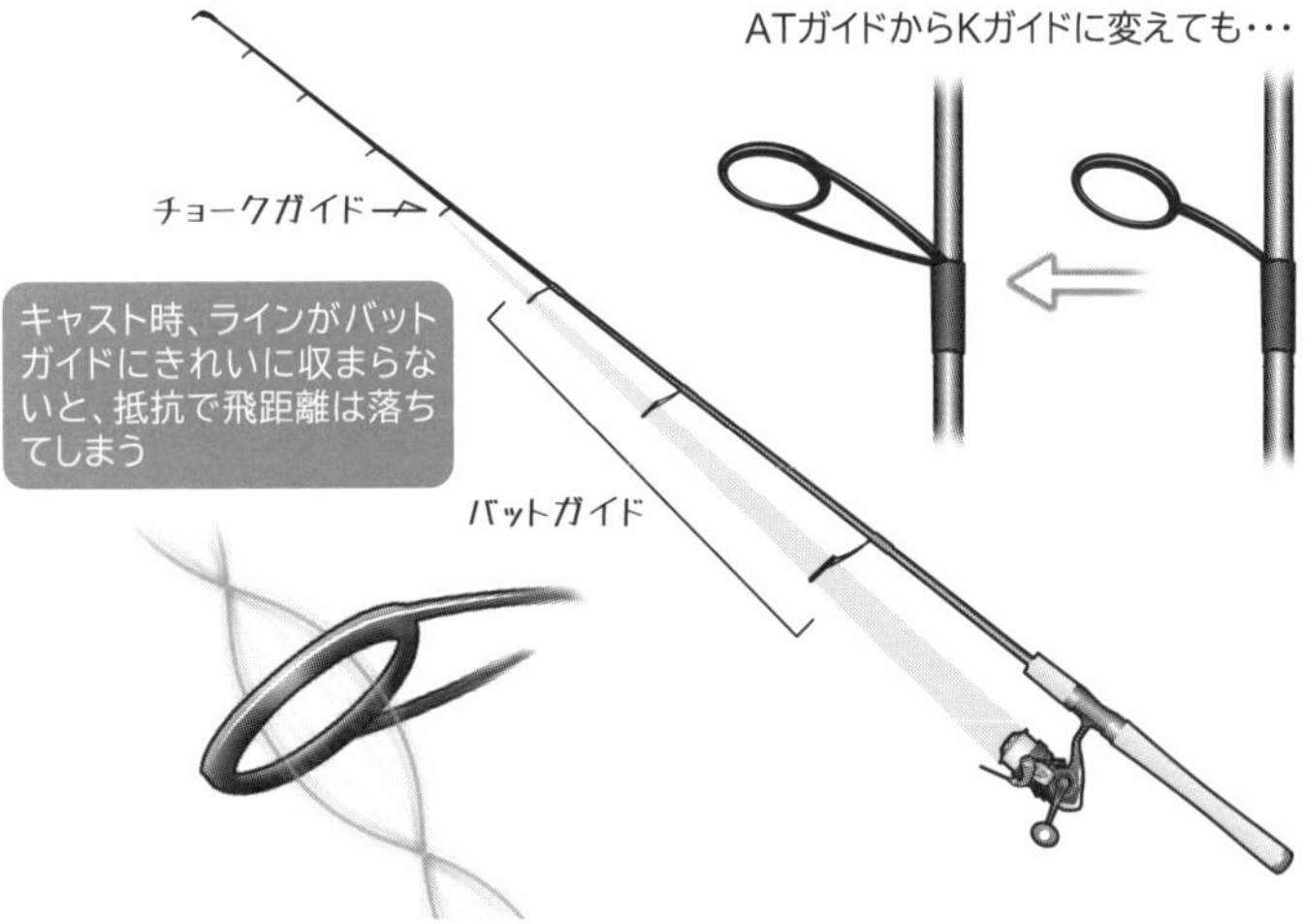
ATガイドからKガイドに変えても・・・
チョークガイド
キャスト時、ラインがバットガイドにきれいに収まらないと、抵抗で飛距離は落ちてしまう
バットガイド

い？ATガイドってダメだよね～」と相談されることがある。巷では「ATガイドはラインが絡んでダメ」と言われているようだが、これはATガイドがダメなわけではなく、使っているリールやライン、また、投げ方とのセッティングが合っていないからラインが絡むのである。Kガイドに替えたところで、ラインの絡みは解決するかもしれないが、リールから放出されたラインがバットガイドにきれいに収束しながら吸い込まれないと、これが抵抗となり飛距離が落ちることとなる。ATガイドのままでも、その位置を前後にずらしてやることにより、あなたにとってのベストセッティングにすることができる。

また、最近はPEの使用が増え、ライン絡みしづらい（絡んでも解けやすい）Kガイドの採用が増えている。やはり昔のスピニングロッドでキャスト時にラインがガイドに絡むトラブルの相談で、「Kガイドに交換してくれ」と言われることが増えた。しかし、ラインがガイドに絡む原因が本当にガイドの種類にあるのかはよく検討しなければならない。バットガイドにラインが絡む場合の原因のほとんどが、先のATガイドの問題と同じで、ただ単にKガイドに交換すれば解決するわけではない。また、トップガイドの下の2～3個目あたりに絡むのはガイドの種類の問題ではなくラインシステムのセッティングの問題で、後のリーダーの項で詳しく書くが、リーダーとメインラインがガイドの中を通過している時に、メインラインがリーダーを追い越してしまっているからである。

キャスト時に、ラインがガイドをどのように通過しているのかをよく観察し、ガイドセッティングを見直すことであなたのロッドはより使いやすくなるかもしれない。

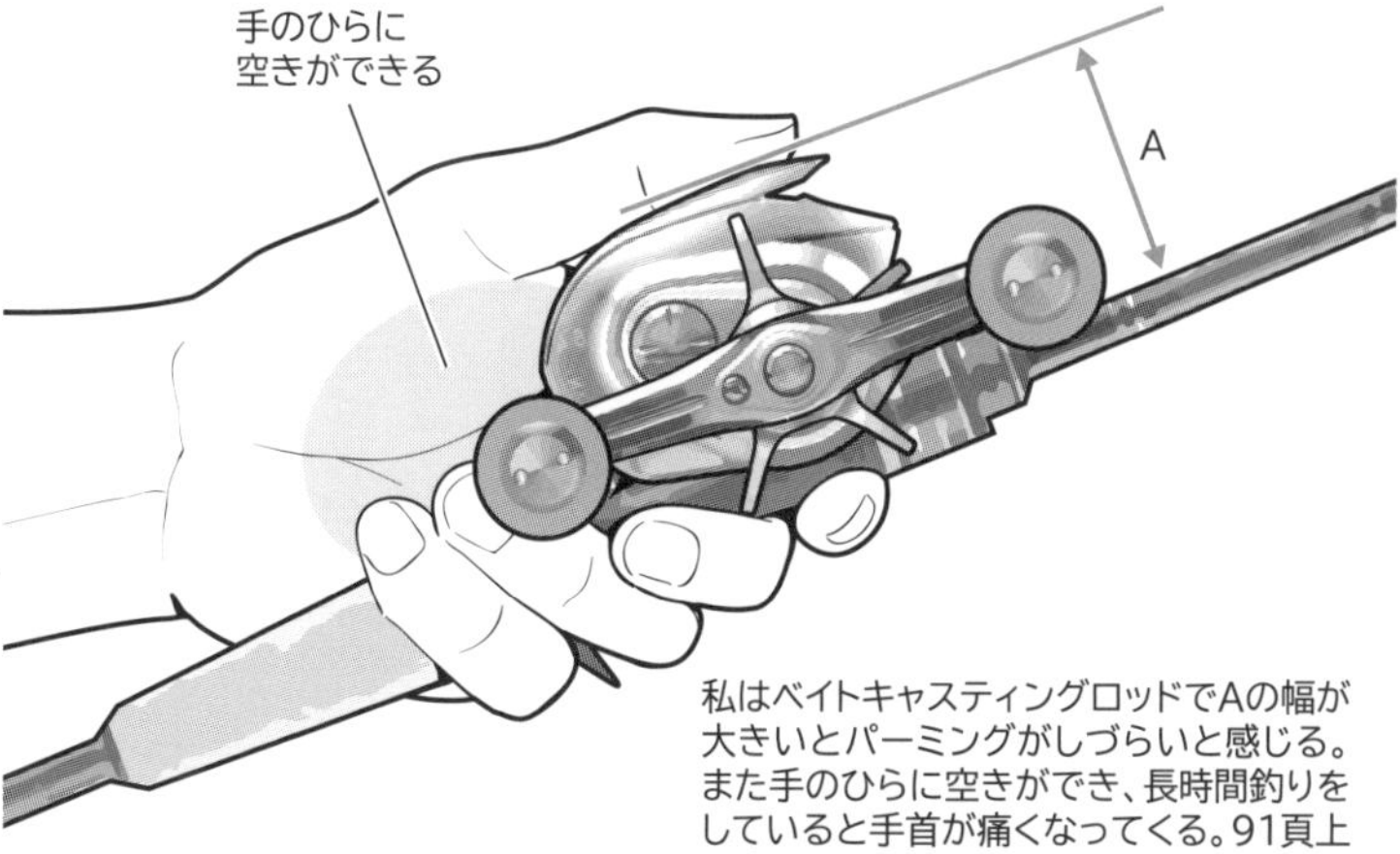

私はベイトキャスティングロッドでAの幅が大きいとパーミングがしづらいと感じる。また手のひらに空きができ、長時間釣りをしていると手首が痛くなってくる。91頁上写真のようなオフセットのリールシートなら全く問題ないのだが

「グリップ（リールシート）の話」

私は現在のルアーロッドのグリップ（リールシート）には大いに不満がある。特にベイトロッドのグリップは何でこんなに人間工学からかけ離れたものが未だに何の疑問もなく使用され続けているのだろうか。キャスティング時にも操作時にも全くしっくりこないと感じるのは私だけであろうか。キャスティング時には手首は閉じきってしまい自由に動かないし、操作時にはしっかりパーミングできず力が入らないばかりか、やがては手首が痛くなってしまう。

そんな不満をメーカーの人に話しても、どうもピンとこないようだ。私は

我慢ならないので、渓流のトラウトルアーフィッシングでシングルハンドキャストするベイトロッドは全てグリップを替えてしまっている。なんと快適なことか。私と取引のあるメーカーの全てにこの話をしたが、やはりピンとこないようだ。しかし、唯一あるメーカーがすぐにそのコンセプトを製品にしてくれた。市場の評判も上々なようで何よりだ。メーカー名はあえてここでは書かないが、ぜひ使ってみて欲しい。すぐに違いが分かるだろう。

また、先日こんな相談を受けた。「ジャイアントベイトの釣りが大好きだけれど、5オンス以上もあるルアーを一日中操作していると、手首に負担がかかって腱鞘炎《けんしょうえん》になりそうだ。店長、どうにかならないものかな〜」。そこで、私はリールシート交換を提案した。富士工業のリールシートのラインナップの中にPLS（パーミングサポートシート）という製品がある。このリールシートはオフショアのジギングロッドなどに多く採用されていて、重く抵抗のあるジグを一日中シャクリ続けても手首に負担のかかりづらい設計になっている。確かにキャスティングはしづらいかもしれないが（しかし重量級のルアーをキャストするときには手のひら全体に負荷がかかるので、逆に力が入り安心してキャストができるように感じる）、負荷の大きいルアーを操作するには非常に楽だ。このリールシートに交換して数週間後「店長〜。今までが嘘のようだよ！　一日ルアーを操作し続けても全く手首が痛くならないよ。リールシートでこんなにも変わるもんなんだね！」とお褒《ほ》めの言葉を頂いた。

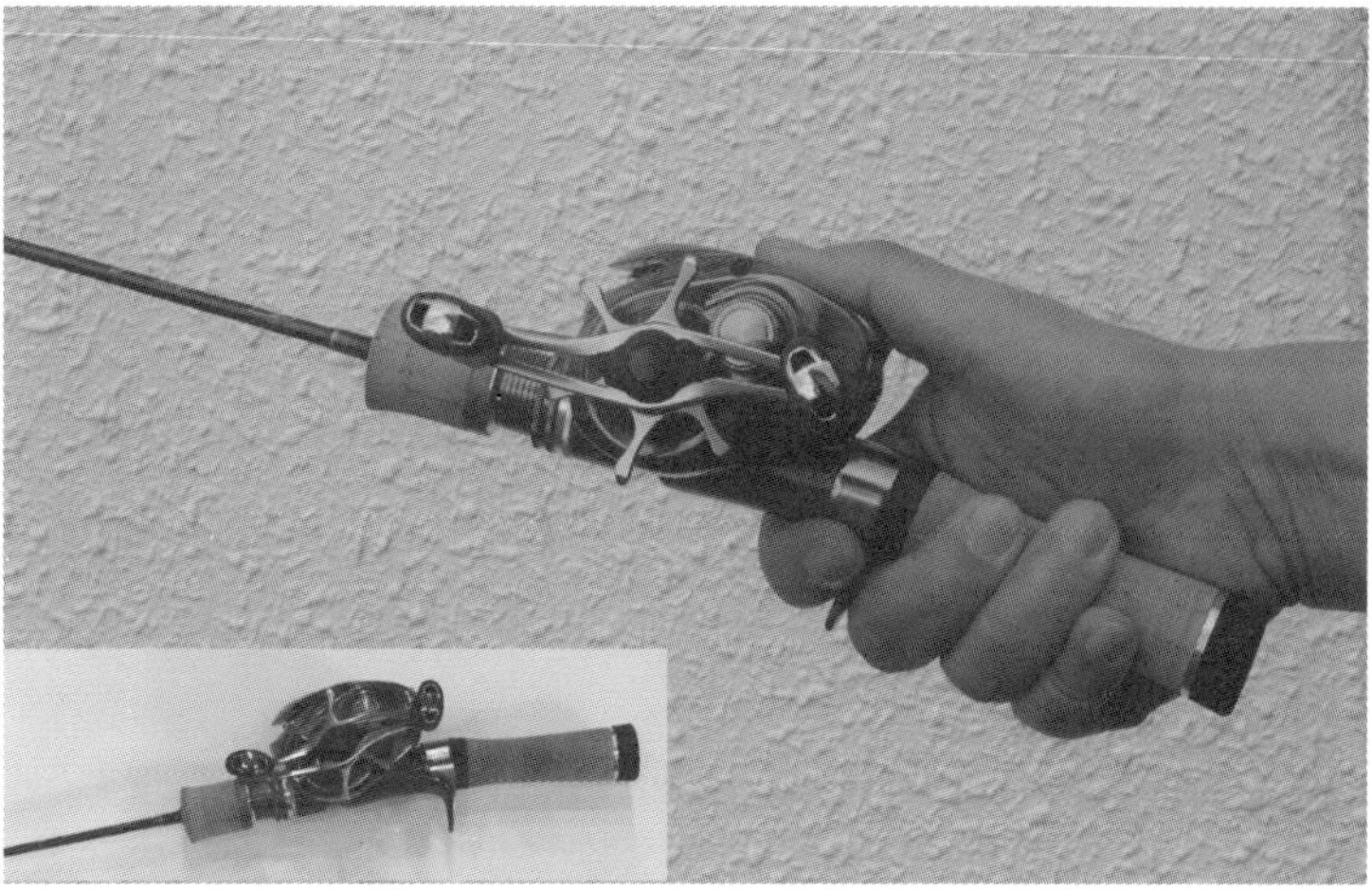

ロッドブランクとグリップがオフセット状態にデザインされたベイトロッド。手首が開き、自由に動くのでキャストしやすくなる

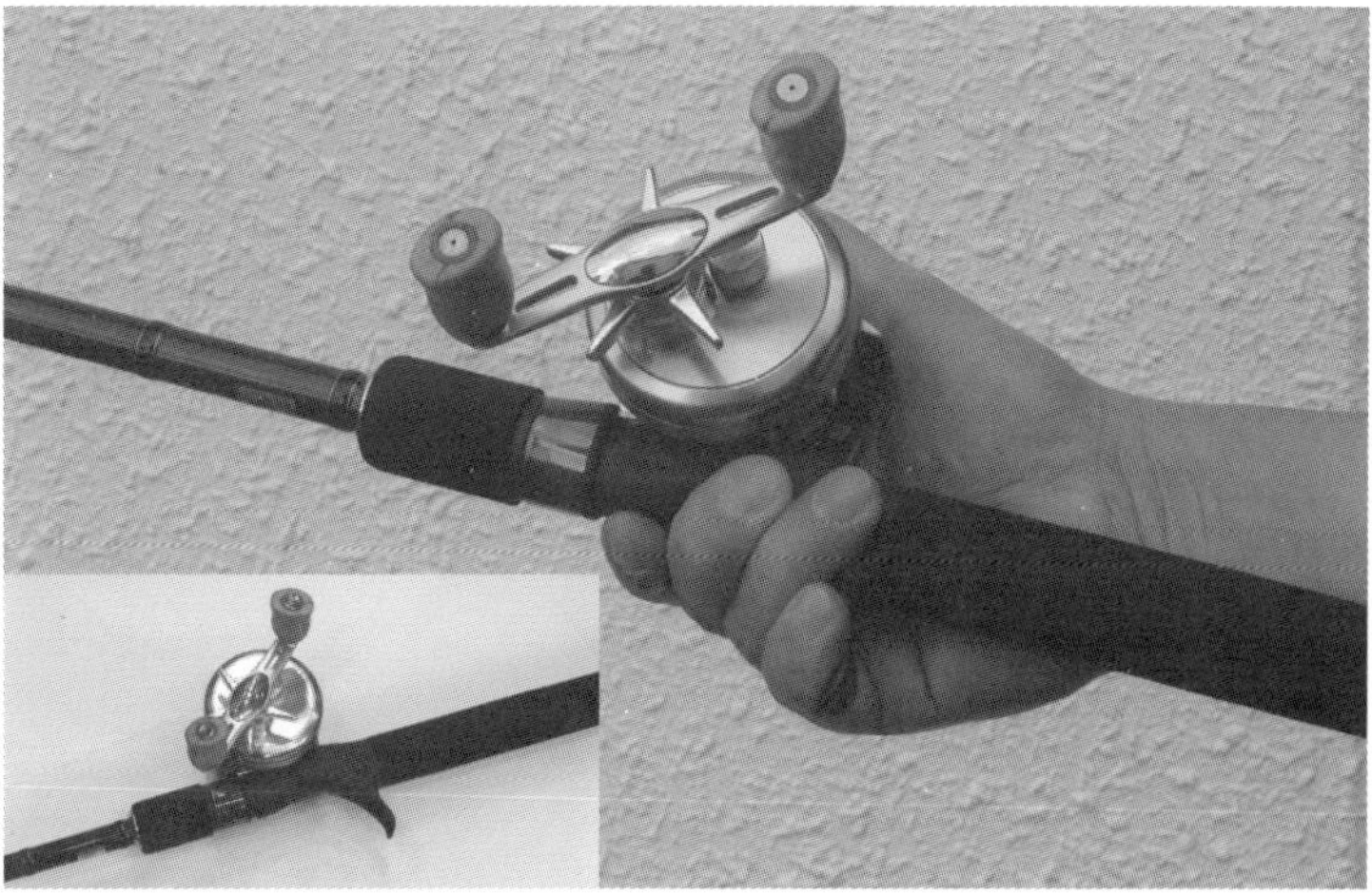

リールシートをパーミングサポートシート（PLS）に交換したもの。この製品では通常指を分けてかける突起部を「トリガー」ではなく「パーミングサポート」と呼び、写真のように４フィンガーでホールドするのが特徴である。手首が自然な角度でパーミングできるので、負荷の大きなルアーを操作する場合でも手首への負担が少ない

ジョイントの話

ロッドには収納や持ち運びを考慮して2本継ぎ（2ピース）や、よりコンパクトになるマルチピースがある。これらのロッドには継ぎ（ジョイント）があり、その方法には種類がいくつかあるが、本書では書かない。

しかし、この継ぎに関してたまに不具合を見かけるのでそのことについて書きたいと思う。問題となるのは「印籠《いんろう》継ぎ（スピゴットフェルール）」または「印籠継ぎ風逆並継ぎ（スリップオーバーフェルール）」である。これらの継ぎ部はその構造から継ぎ部にすき間ができる。これを知らない人はなんだか奥まできちんと入っていないように見え、違和感があり何となく気持ちが悪く感じる。そこで無理矢理奥まで押し込んでしまい、ジョイント部の口を割ってしまったり、抜けなくなってしまうトラブルや、ジョイントの「芯」部をサンドペーパーなどで削って奥まで入るようにしてしまったロッドを見かけることがある。ジョイント部を削ってしまうとそれを元に戻すのは至難の業である。削った部分を何かで盛ってすりあわせればよいように思うが、ジョイント部は非常に精密にできていて、面と面がピッタリと合っているから力が分散して折れないのだが、適当にすりあわせてジョイント部が点と点で接するような状態となってしまうとそこに力が集中して簡単に折れてしまう。ジョイント部のすりあわせは特殊技術で素人が手を出せる代物ではない。

同様に、ジョイント部はしっかり入っていないと簡単に折れてしまう。ジョイント部からの折れの原因のほとんどは、使用中にジョイントが緩んでいることに気づかずに負荷をかけてしまうことによるものだ。使用中も緩んでいないか定期的にチェックするように心掛けたい。

スピゴットフェルール・ジョイントは継いだとき、写真のように継ぎ目にすき間ができるのが正しい状態

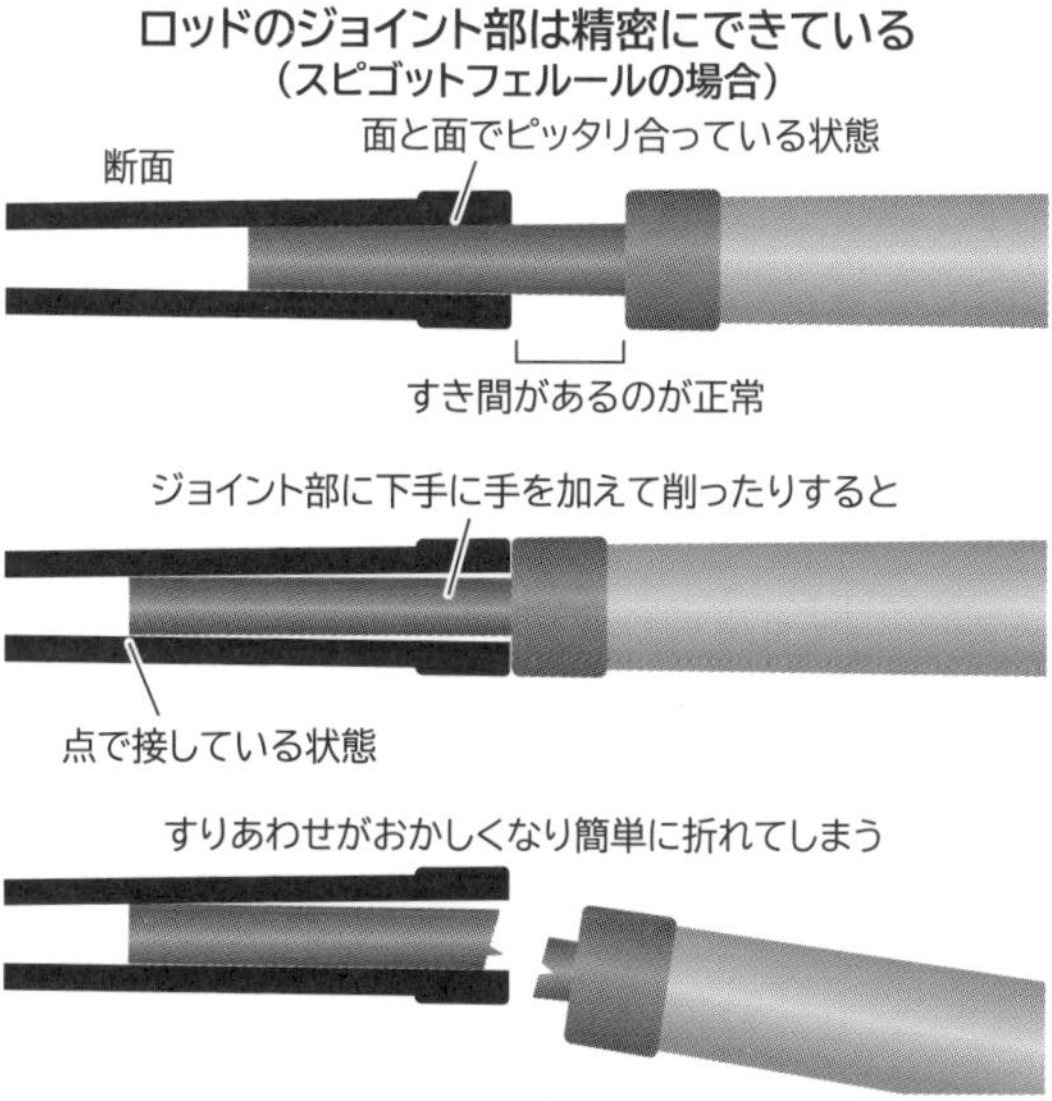
ロッドのジョイント部は精密にできている
（スピゴットフェルールの場合）
断面
面と面でピッタリ合っている状態
すき間があるのが正常
ジョイント部に下手に手を加えて削ったりすると
点で接している状態
すりあわせがおかしくなり簡単に折れてしまう

ロッド選びどうしましょう

最近のロッドは本当にどれもよくできている。有名メーカーの商品であれば、どれも釣りザオとしての機能は充分で、もう好みの問題といってよいかもしれない。

そんなことから、よく私は、お客様にロッドの特性を説明するときに、ロッドをラーメンにたとえる。

「ロッドはラーメンと同じようなもので、何十年も真面目に修業をして、最高の素材と時間をかけて作ったラーメンが美味しいかどうかは分からない。もしかしたら、ぽっと出の兄ちゃんが作ったラーメンのほうが美味しいと感じるかもしれない。ボクが美味しいと思うラーメンをあなたが美味しいと思うか分からないでしょ。美味しいかまずいかは結局食べてみないと分からない。ロッドも同じように使ってみなければ分からないから、まあ自分でいいと思ったものを使えばよいと思うよ」と身も蓋《ふた》もない話をしてイヤな顔をされてしまう。

ラーメンの味もロッドの特性と同じように客観的に数値化して表わすことはできない。「濃い、薄い」「濃厚、さっぱり」などといった曖昧《あいまい》な表現しかできない。ロッドも「硬い、柔らかい」「先調子、胴調子」などといった曖昧な表現しかできない。また、ラーメンやロッドも同じレシピで作ったとしても完成したものは、製作者の正にさじ加減で微妙に違ったものとなるだろう。私たちの感覚は意外に敏感で、この微妙な違いは食べてみたり、使ってみると確かに「違う」と感じられるのでやっかいだ。

仮に、ラーメンやロッドの各要素を数値化できたところで、それは意味のないことかもしれない。

最良の方法としては「味見」をすることだ。実際にロッドを手に取り、振ってみたり、スタッフの人にティップを持ってもらい曲げてみたり、可能であれば、リールをセットしラインを通して、使いたいルアーを取り付け、キャストして操作し魚を掛けてみるのがよいのだが、現実問題として、そんなことは不可能である。

それ以前に、お目当てのロッド自体を手に取って見ることすらなかなか叶わない。

釣具屋の立場からすると、全てのロッドを店頭に在庫し、実際に触って納得してご購入頂きたいのだが、無数に近いロッドの全てを在庫するわけにもいかない。ましてや、店頭在庫のロッドはほぼ買取なので、売れるかどうか分からない商品を仕入れるにはリスクが大きすぎる。

私のお店では、約1000アイテムのロッドを全て手に取れるようにケースから出して展示している。よく「スゴイですね」と言われるが、しかし、これはもう商売ではなく意地でやっているのだ。

私はロッドを購入するときに、今使用しているロッドを基準に「もう少し長くて、バットは少し硬く、そしてティップはもう少しソフトなロッドが欲しい」とイメージできたら、カタログとにらめっこして選定作業に取りかかる。「これだ！」となって実際に取り寄せてみると「何だよ～。全然思ったのと違うじゃん……」ということが度々ある。この時のがっかり感といったらない。腹ぺこで、ラーメンが食べたい気分のとき、たまたま入ったラーメン屋で出てきたラーメンがイメージと違ったときのがっかり感と似ている。購入したロッドは返品もできないので、私の釣り部屋にはミスマッチングロッドが何十本と転がっている。釣具屋の私ですらそんな状況なのだから、普通の釣り人はどうやってロッドを選んでいるのだろう……。

せめて、硬さとおおよそのベンディングカーブだけででも何か客観的に比較することができれば、このミスマッチングがかなり減らせるし、ロッドの販売ももっと効率よくなるのにとずっと思っていた。

ラーメンでたとえるなら、「みそ味」なのか「しょうゆ味」なのか「とんこつ味」なのかくらいは知りたいのだ。

そして、私自身がそんな仕組みが欲しいこともあり、ついには「ロッドのマッチングアプリ（比較サイト）」を作ってしまった。このサイトの目玉は、掲載するロッドを全て同じ条件で測定し、ベンディングカーブを画像として比較できるところである（左頁下）。これであれば一目瞭然でベンディングカーブと硬さを比較できる。

目標は、国内に流通しているルアーロッドの全ての掲載だ。しかし、始まったばかりで、まだまだ掲載アイテム数も少ないが、一度覗《のぞ》いてみて欲しい。欲しいロッドが、「みそ味」

オジーズ店内。ロッドはお客様が手に取って確かめられる状態で常時約 1000 本を陳列している

ロッド特性測定器(T.S.K)模式図

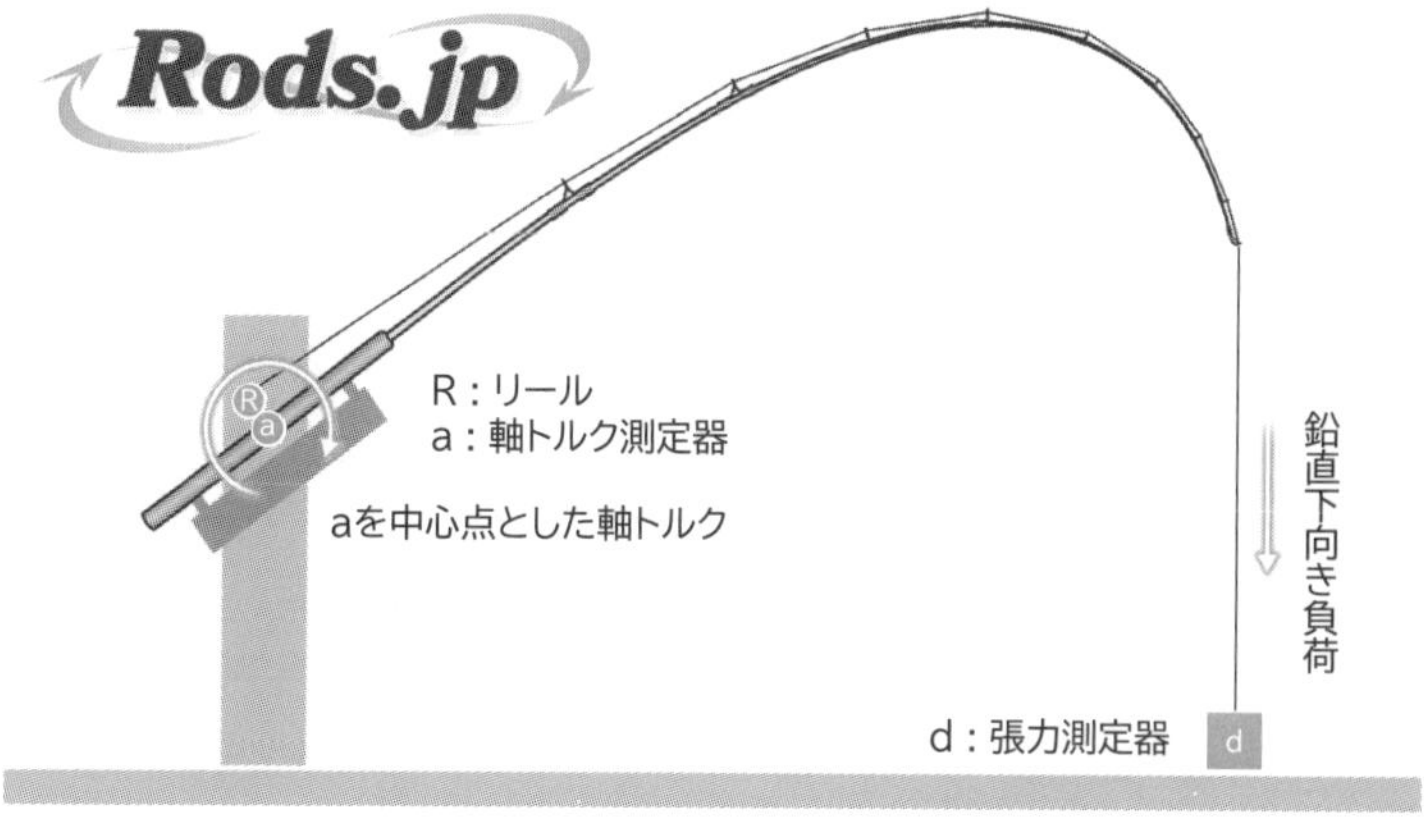

なのか「しょうゆ味」なのか「とんこつ味」なのかくらいは分かると思う。

最後に、忘れてはいけないのは、ロッドを使用する釣り人自身もタックルの一部であるということだ。

キャストするときにも、ロッド自体の反発力のみでキャストしているわけではない。また、ファイトしているときにもロッドの反発力のみで魚を引き寄せているわけではない。キャスト中もファイト中も釣り人によってロッドに連続的に力が入力されているので、ロッドだけが仕事をしているわけではなく「釣り人自身もロッドの性能の一部である」ことを忘れてはいけない。マグロのキャスティングロッドには20kg／60°（ロッドを60°に立てて20kgのドラグテンションを掛けても大丈夫ですよ）と書いてあるものもあるが、それを持っているあなたが20kg／60°に耐えられるかどうかは分からない。私であれば、10kg／60°で10分でギブアップであろう。どんなに強いロッドを使ったとしてもあなたがスーパーマンになるわけではない。

ここまでロッドについて身も蓋もない話をしてきたが、それでも、自分にとって「魔法の杖」のようなロッドに出会うことがある。するとロッドには何か魔力のようなものが内在するのではないかと信じたくなる。ほとんど当たる確率は0に近いと分かりつつ、年末ジャンボを買い続けるように、ロマンチストの私は、懲りずにまたロッドを1本買ってしまうのだ。

渾身の力でマグロのキャスティングロッドを曲げているが、ドラグテンションは 10kg も掛かっていない

5章 リールの話

スピニングリールとベイト
キャスティングリールそ
れぞれの選び方と使い方、
メンテナンスなどについて

また昔話になって恐縮だが、1996年のシマノのカタログを見ると、30年ほど前はバス釣り用のリールを最上機種から選ぶとしたら、スピニングリールは「ステラ」で選択肢は「2000」「2000DH」「3000」「3000DH」（DHはダブルハンドル）のどれにするかの4つだけであった。ベイトリールであれば「バンタムスコーピオンメタニウムXT」一択で迷う必要もなかった。

現在は、リールもロッドと同様に、非常にアイテムが増えて選択肢が多くなった。選択肢が増えることはよいことだが、同時に選ぶときに悩みも増えた。

皆さんは、現在の多様な種類のリールの中から1台を選ぶときに何を基準にしているだろうか。バス釣りで使用する場合を例に、リールの選び方を考えてみよう。

1996年のシマノカタログ。当時、バス釣り用スピニングリールの最上機種「ステラ」のバリエーションはわずか4種類。ベイトリールの最上機種に至っては「バンタムスコーピオンメタニウムXT」一択で迷う必要もなかった

スピニングリールの選び方

・ラインキャパシティー（イト巻量）

まず大切なのはラインキャパシティーだ。何号のラインを何メートル巻きたいのかということだ。ラインキャパシティーが多いぶんには下巻きをして使用すればよいが、少ないと使い物にならない。

例えばダイワのイグジストのスペック表の一番上にある「LT2000S-P」を見てほしい（左頁）。このリールは「ナイロン3lbが150m」巻けることが分かるだろう。

では、このリールにフロロの4lbを巻きたい場合、はたして何メートル巻けるのだろうか。そんなときに便利なツールを1つご紹介しておこう。「シマノ糸巻量計算ツール」だ(https://www.shimanofishingservice.jp/support/itomaki.php)。このツールに必要な数値を入力すると、「101m」と答えが返ってくる。このように、自分が使用するリールのラインキャパシティーがどれくらいあるのかを把握することが大切なのは言うまでもない。

カタログを見ると番手（大きさ）以外に様々なアルファベット記号がついている。それらの意味については各メーカーによって異なるので、詳しいことは本書では触れないが、1つだけ説明しておきたい。その記号は「C」である。シマノのステラのスペック表を見てほしい(左頁)。2500番サイズのリールには「C2500S」と「2500S」がある。両者とも「ナイロン5lb-110m」となっているのでラインキャパシティーは同じである。ダイワのリールにもLT2500S-CXHと「C」の記号がついているモデルがある。この「C」は両者ともコンパクトを意味する。何がコンパクトなのかというとボディー本体がコンパクトという意味である。すなわち「C2500S」は通常よりワンサイズ小さいボディーにラインキャパシティーが2500Sのスプールが付いているモデルということだ。コンパクトモデルはラインキャパシティーを稼ぎながらも小型ボディーを採用することで、軽量化できるというメリットがある。ただし、後に詳しく書くが、標準機よりも

ダイワ　イグジスト	標準自重 (g)	標準イト巻量ナイロン (lb-m)
22EXIST LT2000S－P	155	3-150

シマノ　ステラ	自重 (g)	イト巻量ナイロン (lb-m)
C2500S	175	5-110
2500S	205	5-110

※それぞれ同社 HP より抜粋

スプール径は小さくなるので、デメリットもあるので注意が必要だ。

バス釣りに使用するスピニングリールは、ほとんどの人が、２０００番クラスか２５００番クラスのシャロースプールモデルを選択しているのではないだろうか。一般的にバスフィッシングのスピニングタックルでは、ナイロンやフロロのモノフィラメントラインでの使用は太くても６lbくらいまでである。実際に６lbより太いフロロラインは硬くてスプールなじみが悪すぎてほとんど使い物にならない。モノフィラメントラインでの使用が６lbまでであるならば、２０００番クラスのシャロースプールモデルであっても約75m巻けるので、ラインキャパシティーは必要十分だ。なので、２０００番クラスでも２５００番クラスでもどちらでもよいような気がする。

ロッドの話で書いたが、現在のロッドは驚くほど軽く細く繊細になった。リールもそれと同様にいかに軽くするかの「軽さ戦争」は今でも続いている。「軽さは正義」とばかりに、メーカーも軽さをセールスポイントにしている。また、精密機械はコンパクトなほうが高密度感があるので、コンパクトな2000番クラスが好まれる傾向にあるような気がする。

しかし、私は、お客様には「見た目の大きさや、少しの重さが許すのであれば2500番（大きいリール）のほうがよいですよ」とオススメしている。大きいリールのメリットとしては次のようなことが挙げられる。「スプール径が大きくなるので、ラインにクセがつきづらい」「同じギヤ比であれば巻き取りスピードが速い」「バックラッシュ（ゴップ）しづらい」「イトヨレが出にくい」「ドラグワッシャーが大きいのでドラグが滑らか」「メインギヤやピニオンギヤが大きいので耐久性がある」といったことだ。簡単に言うと大きめのリールはリール本来の機能に関してメリットがあり、小さめのリールは軽さと見た目の高密度感でメリットがある。私の場合は機能を重視して、使用するラインの太さ、使用するロッドの種類にかかわらず2500番のシャロースプールモデルを選んでいる。

また、スピニングリールの場合は、イト巻量が増えたからといって、重くはなってしまうがベイトキャスティングリールのように飛距離が落ちるということはないので、汎用性を重視してラインキャパシティーの多い大きめのリールを選ぶのもアリである。

シマノ　ステラ	ギア比	最大ドラグ力（kg）	自重（g）
2500S	5.1	4	205
C3000SDH	5.1	9	220

ダイワ　イグジスト	ギア比	最大ドラグ力（kg）	自重（g）
22EXIST LT2500S	5.1	5	160
22EXIST PC LT2500	5.2	10	175

※それぞれ同社HPより抜粋

・最大ドラグ力の話

ほとんどの人があまり意識したことのない事柄に「最大ドラグ力」というものがある。まず上の表を見てほしい。気づいた読者の方もいるかもしれないが、シマノ製の２５００Ｓのその値は４kgだが、１つ大きいＣ３０００ＳＤＨは９kgと倍以上である。

ダイワ製も同じく２５００Ｓでは５kgだが２５００は10kgである。大きさが同じなのに、なぜ最大ドラグ力がこれ程違うのだろう。これはドラグの特性と構造に由来する。

ドラグは滑らかであること、つまりイトが引き出されるときにその強さにバラつきがなく一定であり続けることが理想である。しかし、最大ドラグ力を高めようとすると、つまり効くようにすると、この滑らかさが犠牲になるのだ。ドラグの「滑らかさ」と「最大ドラグ力」はトレードオフの関係にあるのだ。

一般的に「最大ドラグ力は犠牲になっても滑らかさを優先する」小型リールはドラグワッシャーが1枚（シングルワッシャー）で、「滑らかさは犠牲になっても効きを重視する」大きなリールはドラグワッシャーが複数枚（マルチワッシャー）となっている。

先にも書いたバス釣りで考えると、使用するラインはモノフィラメントラインの６lbまでの使用を前提としてきた。その場合、最大ドラグ力はどれくらい必要であろうか。一般的に適正ドラグ値は、ライン強度の1／4〜1／3とされている。６lbは2・7kgfの強度であるから、ドラグの強度も４kgfもあれば十分であろうということだ。

しかしながら、最近はＰＥラインも一般的に使用されるようになり、さらにバスフィッシングではパワーフィネスという釣り方も出て来て過去の常識は通用しなくなってきた。パワーフィネスとは強いＰＥラインと硬いスピニングロッドを使用した釣り方で、ラインは概ね0・8号から1・5号を使用する。ＰＥラインの1・5号であれば約30lb＝13・5kgfの強度があるので、最大ドラグ値が４kgfでは心許ない。というより実際の釣りでは、ドラグをいっぱいに締めても、ラインがズルズル出てしまい魚を強引にカバーから引き離すことができないだろう。これではせっかく1・5号のＰＥラインを使っている意味がなくなってしまう。

なので、パワーフィネス用でリールをお探しのお客様にはシマノ製であれば２５００ＳではなくＣ３０００Ｓクラスを、ダイワ製であれば２５００Ｓ（シャーロースプールモデル）ではなく、２５００（ノーマルスプール）をオススメしている。

確かにラインキャパシティーが多すぎて下巻きをたっぷりとらなければいけない気持ち悪さはあるが仕方がない。裏技として、それぞれはスプールの互換性もあるので、ドラグ力の大きいスプールをパーツで購入し装着して使う方法もある。

おそらく商売上手のメーカーは、そのうちシャロースプールだが最大ドラグ値は10kgfという「パワーフィネススペシャル」と銘打ったモデルをラインナップしてくるだろう。

「ベイトキャスティングリールの選び方」

・ラインキャパシティー（イト巻量）

ベイトキャスティングリールを選ぶ場合にもやはり大切なのはラインキャパシティーだ。必要な太さのラインを必要な長さだけ巻くことができなければ使い物にならないのはスピニングリールと同じだ。

しかし、ベイトキャスティングリールの選び方において、ランキャパシティーは、スピニングリールに比べて少しシビアだ。

大は小を兼ねるのだから、「ラインキャパシティーの多いリールを選べば問題ないんじゃないか」という人もいるかもしれない。あながち間違いでもないが、キャパシティーが多すぎるリールを選ぶとデメリットもある。ベイトキャスティングリールは、キャスティング時に「ラインが巻かれたスプール」が回転することによってラインが放出される。キャパシティーが多いリールはラインをいっぱいまで巻くと、「ラインが巻かれたスプール」の重量が重くなる。すると、キャスト時のスプールの立ち上がりが悪くなる。すなわち飛距離が出ないということとなる。

「じゃあ、ラインを少なく（必要な分だけ）巻けばいいんじゃないか」と言われるかもしれない。これもあながち間違いではないし、そういうテクニックもある。

確かに、スプールにラインを少なく巻くと、「ラインが巻かれたスプール」の重量は軽くなる。しかし、イトが巻かれた状態が細くなるのでスプール1回転のイト巻き量は少なくなる。そうなるとキャスト時にスプールの回転数が高くなってしまい回転フリクションが増すことや自動ブレーキも強く効くこととなり、結果として飛距離が出なくなる場合もある。一概にイト巻き量を少なくすれば飛ぶという単純な話ではない。

上記のことから、よりベターな選択としては、必要な太さのラインを最小限巻けるリールを選択することが理想だ。ただ、いろんな釣りをする可能性があるので、デメリットを理解した上でパフォーマンスよりも汎用性を優先し、「ラインキャパシティーの大きいリールを選ぶ」というのはもちろんアリだ。

・右巻きか左巻きか

次に悩むのが、右巻きのリールを選ぶのか左巻きのリールを選ぶのかという問題だ。

まず、読者には右利きの人と左利きの人がいると思うが、以降は「右手が利き手の人」

の前提で話を進めさせていただく。

多くの人がルアーフィッシングを始めたときには、スピニングリールからスタートしただろう。スピニングリールのほうがキャスト時のバックラッシュの心配が少なく軽いルアーのキャストも容易で扱いやすいからだ。スピニングリールを選ぶ場合には左右の選択に迷うことはないだろう。スピニングリールはハンドルが任意で左右チェンジできるからだ。リールを巻くことだけを考えれば右手で巻いたほうが巻きやすいに決まっている。しかし、ルアーフィッシングの場合、「スピニングリールは左巻き」と教わったことだろう。はじめは利き手ではないリーリングに違和感を覚えたかもしれないが、すぐに慣れてしまったであろう。リールを左手で巻く意味は、右手でキャストし、ロッドを持ち替えることなくそのままロッドを操作し、左手でリールを巻くという、一連の動作がスムーズで合理的だからだ。さらに、左手でリールを巻くのがそれ程難しいことではないからだ。

次に、ステップアップしてベイトタックルを揃えようとなったときに「スピニングが左巻きだから、ベイトも左巻きで」となるのが自然の流れだ。しかし、ベイトリールの左右巻き問題はそんなに簡単なコトではない。

まず、左巻きが簡単ではない理由の1つとして、ベイトリールを左手で巻くのは非常に巻きづらいということだ。スピニングリールを巻く動作は「肘を支点とした運動」であるが、ベイトリールは「手首を支点とした運動」なので、全く違う動作なのだ。スピニングリールを左手でも造作なく巻けたとしても、ベイトリールの左巻きは笑ってしまうほど巻きづらい。中には、あまりの巻きづらさに左巻きを断念する人もいるくらいだ。さらに、ベイトリールはスピニングリールのようにハンドルを左右に交換することができない。選択を間違えるとリール自体を買い換えるハメとなるので慎重な検討が必要だ。

さらに大きな問題がもう1つある。それは、ベイトタックルの場合「キャスト時のベストな握り」と「操作時のベストな握り」が違うということだ。スピニングの場合、キャスト時も操作時もベストな握りは同じである。一般的には2フィンガーと呼ばれる中指と薬指の間にリールフットが挟まるように握る。よって、前記のとおりキャストから操作時への動作の移行時に「持ち替えなくてよい」という合理性が成り立つ。しかし、ベイトの場合、「キャスト時のベストな握り」は1フィンガー（リールシートのトリガーに人差し指1本を掛ける）で、「操作時のベストな握り」は3フィンガー（薬指と小指の間にトリガーを挟み、リール全体を手のひらで包み込む）と異なるのだ。つまり、左巻きのリールを選んだとしても、ベストな釣りをするには、結局握り直さねばならないこととなる。また、右巻きのリールを選んだとしても、キャスト時と操作時の握り位置が違うことから、ロッドを持ち替えなければならないという不合理性は成立しない。つまり、右手でキャストしルアーがまだ空中にあるときや着水と同時に左手に持ち替えることが出来るので、持ち替えることの煩《わずら》わしさはない。

一方で、左巻きのリールを選んだほとんどの人が「持ち替えなくてよいという合理性」を成立させようと、中間の2フィンガーでキャストしそのまま操作するという中途半端な

スピニングリールのグリップは、キャスト時、操作時とも、人差し指と薬指でリールフットを挟む2フィンガースタイル

ベイトキャスティングリールのグリップ。キャスト時は1フィンガー（上）、操作時は3フィンガー（右）になる

握り方で釣りをしている。「キャストが思うように決まらない」「掛けた魚をバラしてしまう」という人の原因の多くのはこのことにあるかもしれない。

左巻きのリールを選ぶ最大のメリットは、ルアーの操作を利き手でできるということだろうか。

ベイトキャスティングリールは、30年くらい前までは右巻きしか存在しなかった（一部を除く）。その理由としては、前記の左手でリールを巻くことの難しさからと、それまでは、現在の釣りのような右手でのシビアなルアー操作が要求されず、右巻きのほうが合理的だったからであろう。

１９９０年始め頃から俗にいう第２次バスフィッシングブームがじわじわと盛り上がりその流れに乗って、１９９３年シマノがスコーピオン１５０１として左巻きのベイトキャスティングリールをリリースした。発売当初はそれ程話題とならなかった（どちらかというと色物扱い!?）ように記憶している。しかし、１９９６年にＡＢＵから当時絶大な実力と影響力を持った今江克隆氏のシグネイチャーモデルのアンバサダー４６００Ｃ ＲＤ ＩＭＡＥ（右）と４６０１Ｃ ＤＤＬ ＩＭＡＥ（左）がリリースされると、今江氏が提唱する「左右両刀使い」により一気に左巻きリールに注目が集まった。当時のカタログには「右ハンドルは巻きものすなわちリトリーブを中心にする回数重視のファーストムービングルアーには、ききウデでリールを巻く右巻きが疲れも少なく有利」（原文ママ）「ボトムフィッシング、すなわちアクションをスローに、タイトに、そして細かくきざむには

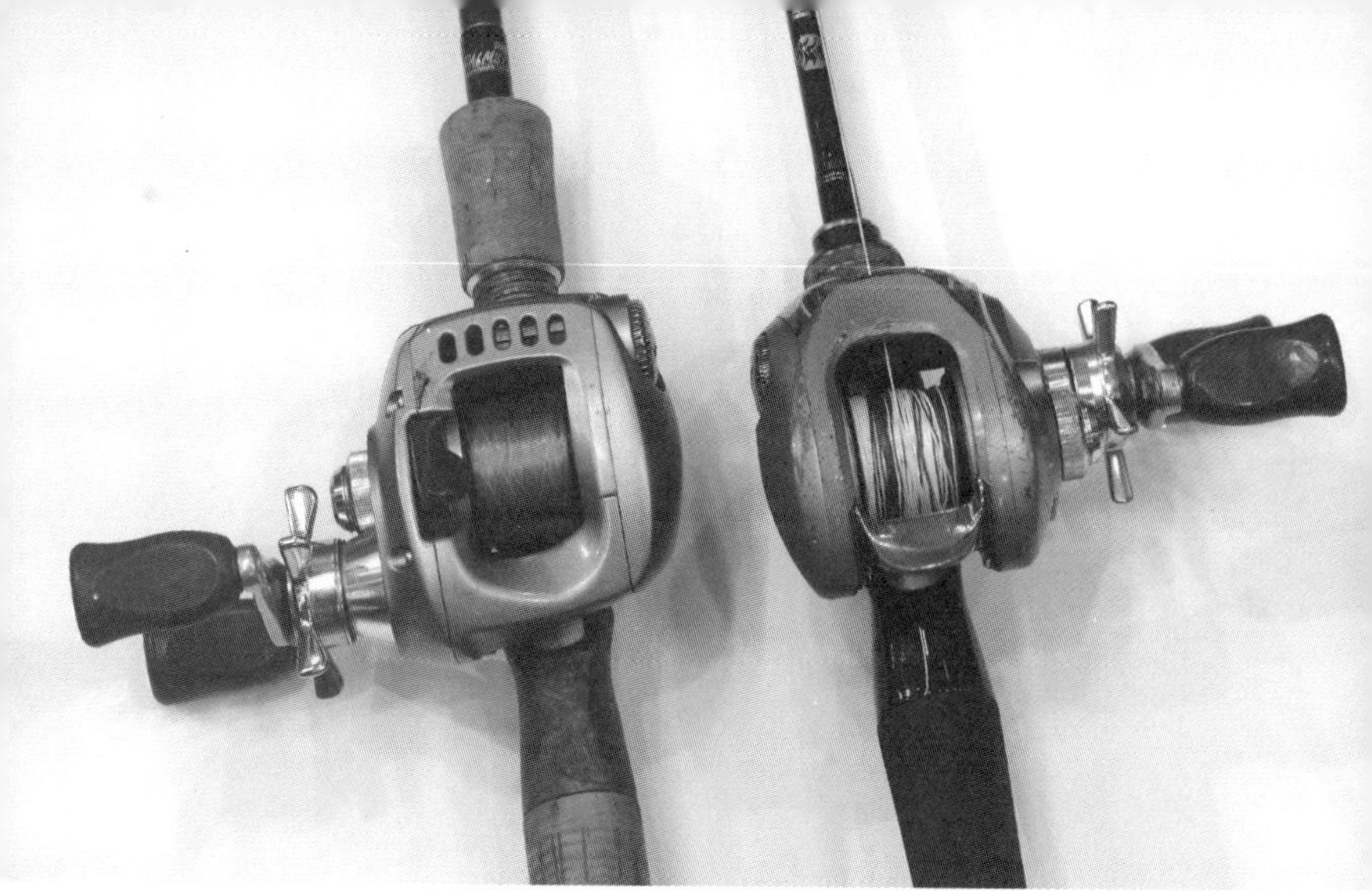

左＝TD-Z105HL、右＝TD-Z105H。左右で全く形が違う

絶対的にロッド操作はきき腕が良く、よってレフトハンドリールが有利となる」（原文ママ）とある。そして1997年にはダイワがチームダイワ-Xグリッピングコンセプトとして、左右で全く形の異なるリールを発売した。このチームダイワ-Xは左巻きリールにマッチしたシールシートがついたロッドも同時に発売され、当時のカタログには次のように書いてあった。『使い分け』理論が未消化なまま、まかりとおっていたこの世界に、タックルの真の意味での使い分けを一から考え直した結果である」。私もとびついて購入したが、確かに画期的なリールであった。しかし、その左巻きリールはベイトらしからぬ近未来的なデザインで万人には受け入れられなかったように記憶している。この後のより改良されたTD-Z105HLは今でも私の愛用機である。今イチ理解されなかったグリッピングコンセプトを受け継ぐモデルは現在なくなってしまったが、保守的な釣具業界において、機能を追い求めた意欲

的作品に敬意を表したい。

ここまでいろいろ書いたが、私はどうなのかというと、結論から言うと右投げ左巻きである。そうなった経緯をお話ししよう。初めてベイトキャスティングリールを手に入れたのは中学生の時である。ダイワから1981年に発売になったミリオネア5HMというブルーグレーの丸型リールであった。近くにバスの釣れる場所はなく使う当てもなかったが、ただ憧れからお年玉で購入した。当然右巻きのリールで左巻きという選択肢はなかった。大きさはABUの5000番クラス。当時はファントムやバンタムといった流線型のロープロファイルのリールが脚光を浴びていたが、なぜか丸形リールに憧れたのだ。やはりベイトキャスティングリール＝アンバサダーというイメージが子供ながらどこかにあったのだろう。それでいてアンバサダーを選ばなかったのは、小学5年生の時にテレビアニメで『釣りキチ三平』を放映していて、それが私に強烈な影響を与えたのだ。番組のスポンサーがダイワ精工であったことから、ダイワの釣具が世界一であると思い込み、アンバサダーやバンタムは眼中になかったのだ。同級生が音楽やファッションに夢中になる中、魚釣りに夢中になっている周りから見たら少し変わった少年であった。

初めてそのミリオネアでバスフィッシングをしたのは、大学に入り入部した釣り部の新人歓迎釣行会の時であった。津久井湖でのバスフィッシングで、浅場にバスがたくさん見えた。今思えばスポーニングシーズンであったのだろう。その見えバスにワームを落としてやるとすぐ反応したが、なかなかバイトには至らなかった。最後の最後でどうにか口を使わせフッキングしたが、途中でバラしてしまった。これが、私の初バスフィッシングの思い出であるが、それから10年以上ずっと右巻きのベイトリールを使い続けてきた。

　しかし、ベイトタックルには常に違和感と苦手意識があった。俗にいう巻きモノの釣りをする時には全く問題ないのだが、ワームやラバージグなどの操作系の釣りをする場合、ロッドの操作を利き腕ではない左手で行なうこととなる。私の左手は相当にお馬鹿さんで、左手でのルアー操作は何ともノー感じで、釣れる気がしないのだ。そんな中で登場した左巻きのベイトリールに私は飛びついた。しかし、前記のとおりキャスティング時と操作時のグリップの不合理と左手でのリーリングのしづらさに閉口し、左巻きリールの使用を断念しかけたりした。また、今江氏の「左右両刀使い」を試したりしたが、タックルシステムが複雑となりこれも断念した。

　最終的には、左巻きだけに統一して、左手でスムーズに巻くことができるよう鍛錬《たんれん》するか、元々の右巻きに統一して、左手でのロッド操作を鍛錬するかとの2択となったが、前者を選び、今は右投げ左巻きに落ち着いている。これは、前出のダイワのグリッピングコンセプトの第二世代であるＴＤ－Ｚ１０５（１０３）ＨＬの登場により、私にとっての左巻きリールの非合理性がかなり改善されたからということも大きい。このＴＤ－Ｚ１０５ＨＬは今も複数台所有し愛用している。

　まあ、右巻きも左巻きもメリットとデメリットがあるので、前記のとおりそれらを天秤に掛けて選んだらよいと思う。

ギヤ比の話

ベイトキャスティングリールを選ぶときにもスピニングリールを選ぶときにも、もう1つ悩ましい問題がある。それはギヤ比である。カタログスペックを見ると、5・1や8・2などという数字が書いてある。バス釣り用のベイトキャスティングリールなどは、機種によっては「ローギヤ（ギヤ比5台）」「ノーマルギヤ（ギヤ比6台）」「ハイギヤ（ギヤ比7台）」「エクストラハイギヤ（ギヤ比8台）」の4種類がラインナップされている。これに左右の選択肢もあるから、8アイテムからどれを選ぶか悩むことになる。

ギヤ比は、ハンドルを1回転させたときにスプールやローターが何回転するのかを表わしている。単純にスプール径が同じと仮定したならば、数値が大きいほうが速くラインを巻き取れるということだ。

リールの進化の歴史を紐解いてみると、それはハイギヤ化の歴史でもあった。通常のルアーフィッシングでは、キャストして放出されたラインを、魚のバイトがなかった場合、素早く回収できたほうが効率よく釣りができる。大昔のリールはフライリールのようなもので、ギヤ比は1：1であったが、そのうちマルチプライヤーリールが開発され、ギヤ比はどんどんハイギヤ化していった。しかし、ハイギヤ化による弊害もある。それは、巻き取りトルクが低下するということだ。つまり、ラインに同じ負荷が掛かった状態では、巻

ダイワ　ジリオン SV TW	巻取り長さ (cm/ハンドル１回転)	ギア比	自重 (g)	最大ドラグ力 (kg)
1000P	59	5.5	175	5.0
1000	67	6.3	175	5.0
1000H	75	7.1	175	5.0
1000XH	90	8.5	175	5.0

※同社 HP より抜粋

き取るハンドルが重くなってしまうのだ。自転車で、ギヤを上げるとスピードは出るが、ペダルが重くなってしまうのと同じ現象だ。

１９７５年に発売された ABU Ambassadeur 2500C のサイドプレートには誇らしげに High Speed のステッカーが貼られていたが、ギヤ比は４・７：１であった。先に書いたように現代ではハイギヤといったら7台である。４・7といったらローギヤである。では、なぜ70年代では４・7でハイギヤと呼ばれていたのか。それは当時の技術では、これ以上ハイギヤ化してしまうと巻き上げトルクがなくなってしまい、実際の釣りでは使いにくいものになってしまったのだろう。マルチプライヤーリールは、ハンドルの回転を受けたメインギヤとそれより小さいピニオンギヤがかみ合い、その歯数の比率で倍速してスプールやローターを回転する機構になっている。ハンドルに入力されたエネルギーが全てラインの巻きあげに使われるわけではなく、その過程のギヤのかみ合わせや軸受けのフリクションで必ずエネルギーロスが生じてしまう。ハイギヤ化すればするほど、トルクの低下と共にさらにこのエネルギーロスにより巻き上げトルクの低下をもたらすので、あまりハイギヤ化すると実際の釣りでは使い物にならなくなってしまう。それが、エンジニアの努力により設計技術の向上や新素材の登場で、このエネルギーロスを少しずつ減らしてきた。現在ではギヤ比が7台にしても巻き上げトルクが十分に出せるようになり、使い物になるようになった。もしかしたら10年後にはギヤ比が7台でもローギヤと言われる時代がくるかもしれない。

話がそれてしまったが、ローギヤであれば巻き上げスピードは犠牲になるが、巻き取りパワーが出る。ハイギヤであれば、巻き取りパワーは犠牲になるが、巻き取りスピードが速くなり効率のよい釣りができるということだ。すなわち「巻き上げスピード」と「巻き上げトルク」はトレードオフの関係にある。

そこで、一般的にはテンポよく打っていく「打ち物」にはハイスピードギヤのリールを、巻き抵抗のある「巻き物」にはローギヤのリールが推奨される。確かに理想はそうであるが、一般の釣り人がこれ程多様なギヤ比を使い分ける必要性があるのかは疑問である。ただ、選択肢が多いことはよいことだ。余裕があれば使い分けることにより釣りの幅が広がるかもしれない。

さらに、もっと細かいことをいうと、カタログに記載されているギヤ比は、本当の意味でのラインの巻き取りの増速を意味しない。それはスプール径が加味されていないからだ。シマノカタログのステラの２５００ＳＨＧ（ハイギヤ・ギヤ比５・８）と４０００Ｍ（ノー

シマノ　ステラ	ギア比	最大巻上長（cm/ハンドル１回転）
2500SHG	5.8	86
4000M	5.3	87

マルギヤ・ギヤ比５・３）を見比べてほしい。前者はギヤ比が５・８でハンドル１回転ではラインが86㎝巻き取れる。後者はギヤ比が５・３だがハンドル１回転で87㎝とギヤ比が低いにもかかわらずハイスピードで巻き取れるのである。すなわち、スプール径も加味して考えないと、一概にギヤ比だけを比較しても、リールの特性を理解することはできないということである。ギヤ比に注目するより、ハンドル１回転巻上長に注目したほうがよいのかもしれない。

ラインの巻き方について

私は、ラインをリールに巻くときにも細心の注意をはらっている。ラインの巻き方により、せっかくよいリールによいラインを巻いたとしてもそのパフォーマンスを発揮できず宝の持ち腐れとなってしまう。よく「店長、ラインを買うから巻いてよ」と言われる。私のことを信用して依頼していただいているのは大変光栄であるが、私自身は、絶対にラインを他人に巻いてもらったり、さらには、イトを巻いたリールを人に触らせない。どのように巻かれたか、また、どのように扱われラインにダメージを与えられるか分からないからである。まあ、それはちょっと神経質過ぎるとは思うが、真剣に取り組んでいるマグロ釣りではラインの取り扱いにはシビアになる。

ラインを巻くときの基本は「適切なテンション」で、「熱がかからないように」、「適量」を巻くということだ。

まずは「適切なテンション」であるが、ナイロンやフロロのモノフィラメントラインはテンションが弱いとフカフカに巻かれてラインの食い込みやバックラッシュの原因となる。逆に強すぎるとラインが伸びて強度が低下する。最適なテンションを文章で説明するのは難しいので経験としかいいようがない。ＰＥラインの場合はかなりテンションを掛けて巻かないと食い込みやバックラッシュの原因となる。

ラインはナイロンやポリエチレンなどの化学繊維でできていて熱に弱い。「熱がかからないように」テンションを掛けて巻くのはなかなか難しいが、専用の器具があれば理想的だ。ソルトウォーター用のリールに6号のＰＥを３００ｍ巻く場合などは、少なくとも３kgf以上のテンションを掛けて巻かなければならないので、専用の器具がないと理想的に巻くことは困難だ。ここでソルトウォーターのビッグゲームをやっている人だったら、「えっ、３kgfしかテンションを掛けないの!?」と思うかもしれない。ＰＥライン6号の強度は40kgfほどあるので適正ドラグ値を１／４として10kgfである。よく、「ＰＥラインの場合、この適正ドラグ値でラインを巻かないと、魚とのファイト時にラインがスプールに食い込んでラインブレイクするのでダメだ」という理論を聞くことがある。私は写真のようなシステムでリールを固定し常に一定のテンションが掛かるようにラインを巻いている。私が試した限りでは、通常のリーリング時のようにハンドルを巻いてラインを巻き取ったとしたら、5 kgfのテンションを掛けることは片手では不可能だった。10 kgfのテンションを掛けて巻こうとしたならば、ローターを両手で回しながらでなければ不可能であった。話

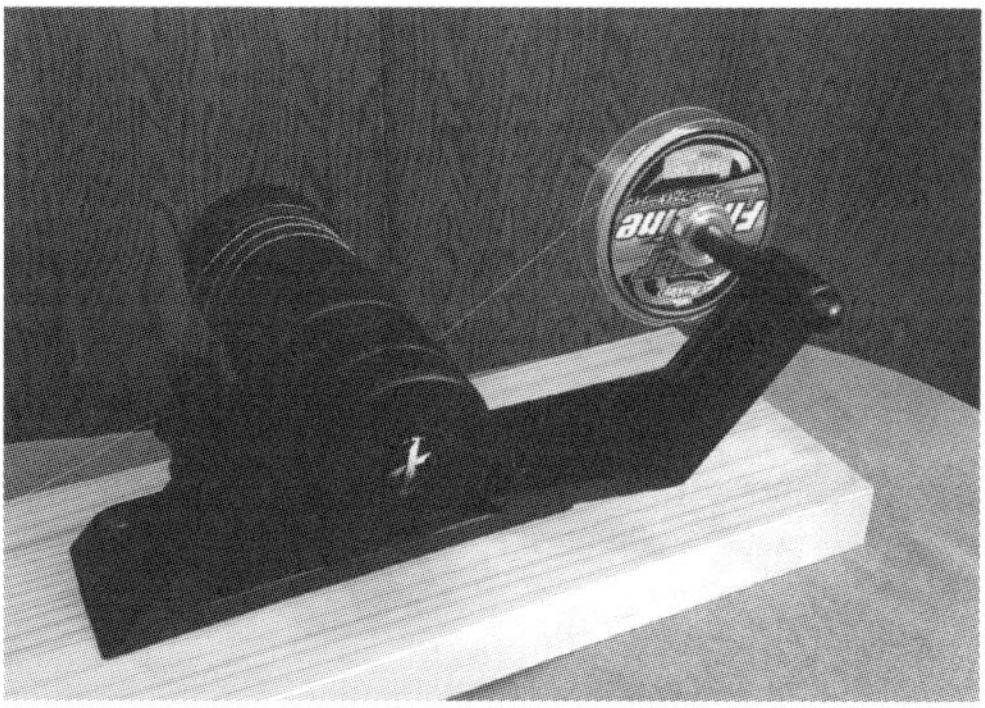

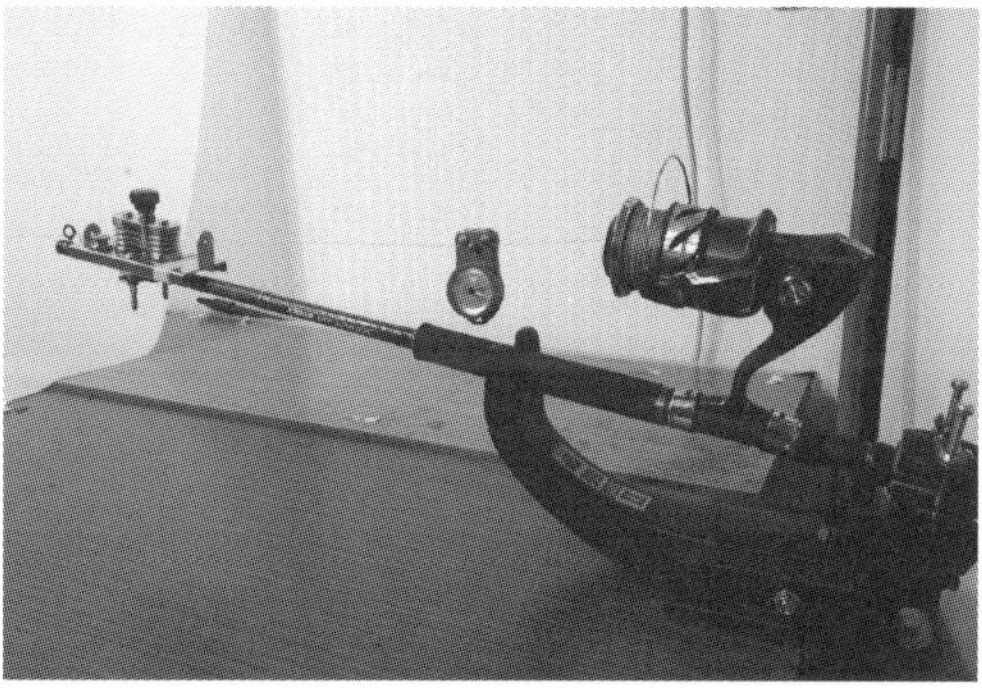

ラインをリールに巻くときは写真のような専用器具を使いテンションを掛けながら行なうのが理想的

を戻そう、3kgfのテンションを掛けて300m巻を一気に巻ききることは、疲れてしまい私にはできない。50mくらいずつを休み休み巻いて、それでも巻き終えた後は汗だくになるほどである。タダではやりたくない。

次に、「適量」であるが、早い話スプールのボリュームの9割前後である。しかし、イト巻量を調整することで、特性を多少チューニングすることもできる。

スピニングリールではいっぱいまで巻くとスプールエッジとの抵抗が減るので飛距離が出るようになる（しかし、バックラッシュも増える）。少なめに巻くとバックラッシュ等のライントラブルを減らすことができる（しかし飛距離は犠牲になる）。

ベイトの場合は前出のとおりイト巻量を減らすことにより飛距離が出る場合が多いが、詳しくは前記の部分を参照して欲しい。

PEラインを500m巻く場合などは、巻き取る時のテンションとラインの項で書いたように、PEラインの太さはモノフィラメントラインとは違うので、仕様書どおりに巻けることのほうが少ない。

リールに「意図した適量」を巻くのはとても面倒だ。ベイトの場合はイト巻き量の多い少ないは多少であればそれ程影響しないが、スピニングの場合は、前出のように飛距離やバックラッシュのしやすさ等が顕著に変わってくる。

用意したラインが巻こうとするリールのラインキャパシティーよりも多い場合は「意図した適量」まで巻いて、余ったラインは下巻き用として利用するか、もったいないが廃棄してしまえばよいので話は早い。しかし、その逆で用意したラインがリールのラインキャパシティーよりも少ない場合は、俗に言う「下巻き」をして底上げをしてからラインを巻かないと、ラインを巻ききった時にイト巻き状態が少なすぎて具合が悪い。この「下巻き」の量の調整がなかなか難しいのだ。私でさえ店頭でイト巻きを依頼された時に「意図した適量」を巻こうとしても、イトがスプールからあふれてしまったり、逆に足りなかったりして「やり直し」ということもある。

それでは、例として、ダイワ製のスピニングリールの２５００Ｓに下巻きの量を調整して３lbのナイロンライン１００ｍをピッタリ巻く方法を２パターン解説しよう。

①メインライン先巻きひっくり返しひっくり返し法

この方法は、手間はかかるが頭を使わなくてよいので、手間と時間がかかってもよいのであれば一番確実な方法である。

ステップ１：空のリールのスプールに用意した「３lb－１００ｍライン」を全て巻き取る。
ステップ２：巻き取ったラインに下巻き用のラインを結んで、希望する量まで巻き取る。
ステップ３：リールに巻き取ったラインを、使用済みのラインのボビンや別のリールに全て巻き取る（ひっくり返す）。
ステップ４：ステップ３で巻き取ったラインをさらに使用済みのラインのボビンや別のリールに全て巻き取る（ひっくり返す）。
ステップ５：ステップ４で巻き取ったラインを、ラインを巻きたいリールに巻き戻せば、希望どおりの量にラインが巻ける。

この方法の一番のデメリットは空きボビンや空きリールを2個別に用意しなければならないことだ。

逆巻き替えに便利な市販品ツールもある。

逆巻替えに便利な市販品

②下巻き計算法

このリール（前頁）のラインキャパシティーは仕様書を見てみると「ナイロン4lbが１５０ｍ」となっている。前出１０２頁のツールを使うと「ナイロン3lbでは２００ｍ」と出てくる。用意したラインが１００ｍなので、「3lbのナイロンラインを１００ｍ下巻き」してそれに用意したラインを結節して最後まで巻けばピッタリとなるはずだ。仮に下巻き用のラインが3lbがなくて5lbだとしたら、やはり前出１０２頁のツールを使うと「5lbのナイロンラインを60ｍ下巻き」すればピッタリ巻けることが分かる。

問題は下巻き用のイトの１００ｍや60ｍをどう

測るかということだ。そこで、ラインの長さを測る方法を2つ紹介しよう。

1つは、「デプスチェッカー」や「ラインカウンター」といったラインの長さを測る器具を使うことだ（前頁写真）。

もう1つは、リールのスペック表からハンドル1回転のイト巻量を見つけ、ハンドルを何回転したら希望の長さを巻くことができるのかを算出する方法である。ただし、仕様書のハンドル1回転イト巻量は最大量でスプール径×3・14×ギヤ比であるようだ（イトをいっぱいに巻いた時の値。すなわち巻き始めはスプール径が細くなるのでそれより少なくなる）。ハンドル回転カウント法では、目安にはなるが、正確なイト巻き量を測るのはむずかしい。

補足であるが、スピニングリールにはイト巻き状態というものもある。逆テーパーに巻くと、飛距離が少し犠牲になる代わりにバックラッシュを軽減する効果がある。また正テーパーに巻くとバックラッシュしやすくなるが、飛距離が伸びる効果がある。このイト巻き状態を調整するためにほとんどのリールにはワッシャーが付属している。ワッシャーを追加すると正テーパー寄りになり、逆に減らすと逆テーパー寄りになる。また、細いイトを巻くと逆テーパー寄りになり太いイトを巻くとその逆になることを覚えておくとよいだろう。

最後にもうひとつ注意したいことがある。それはPEラインをリールに巻くときである。たまに、お客様が「店長〜、急にリールのドラグがずるずるになって利かなくなっちゃったんだけど」と言って、リールを持ちこまれることがある。この場合、リールに巻かれているのはＰＥラインのことがほとんどである。「ラインを巻いた時に、最初にナイロンかフロロで下巻きをした？」と聞くと、大体「えっ、なんで下巻きしなくちゃいけないの？」と聞き返される。これは、リールが壊れているのではなく、巻いてあるラインがスプールの上で滑ってしまっているのである。ＰＥラインをスプールに直接巻くと、ＰＥラインは極端に伸びが少ないのでスプール軸に締まらずに滑ってしまう。それを防ぐためには始めにモノフィラメントのラインを３ｍくらいでよいので下巻きをして、それに上巻きのＰＥラインを結節して巻くことにより、このスリップを防ぐことができる。

逆テーパー＝飛距離は少し犠牲になるがバックラッシュの軽減効果がある

正テーパー＝バックラッシュしやすくなるが飛距離が伸びる効果がある

スピニングリールにはイト巻き状態を調整するために、
写真のようなワッシャー（写真中央下の４つ。正式名称
は「スプール座金」）が付属している

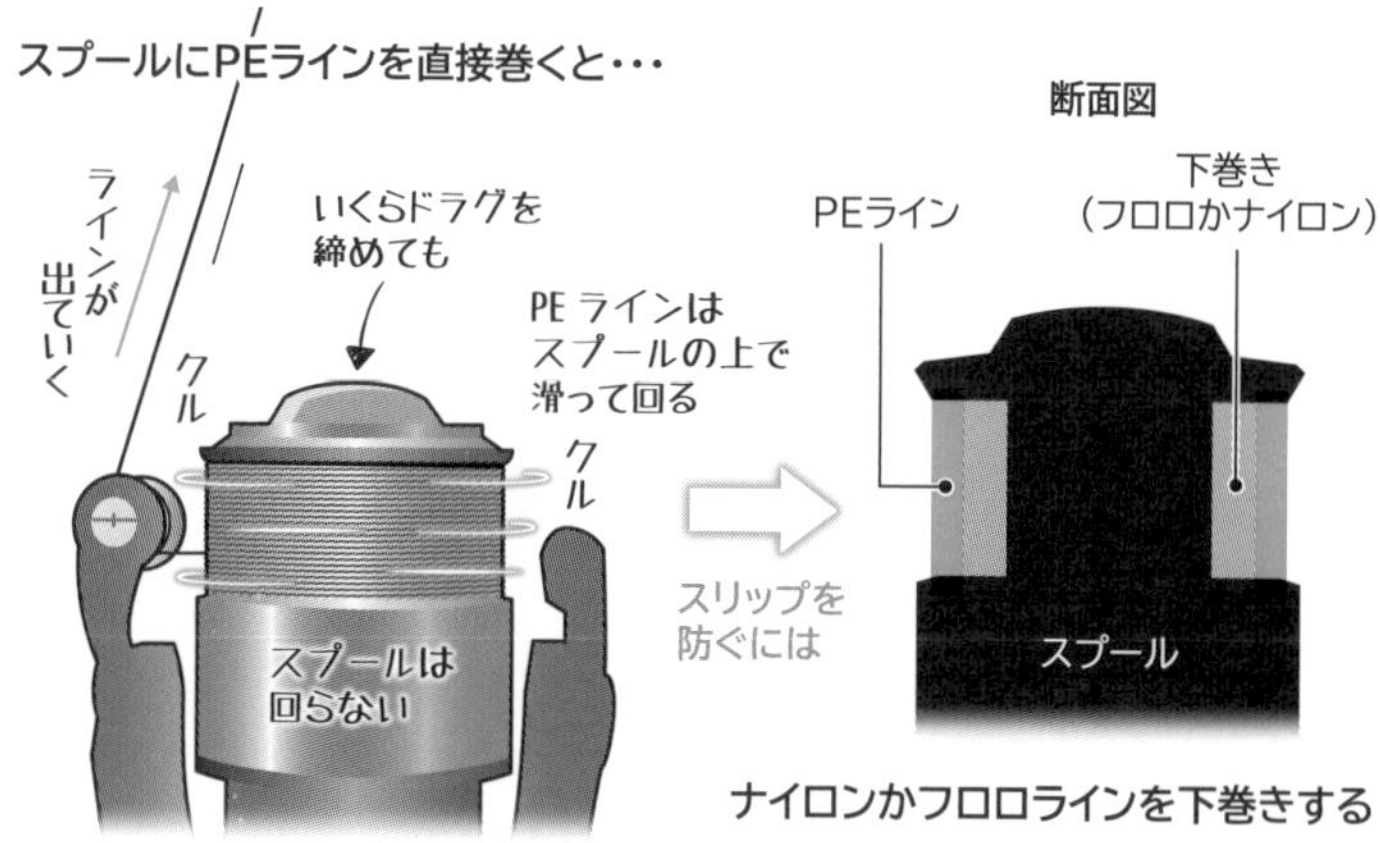
スプールにPEラインを直接巻くと・・・
ラインが出ていく
いくらドラグを締めても
PEラインはスプールの上で滑って回る
クル
クル
スプールは回らない
スリップを防ぐには
断面図
PEライン
下巻き（フロロかナイロン）
スプール
ナイロンかフロロラインを下巻きする

価格の違い

リールを選ぶ際に、やはり悩ましいのが値段である。スピニングリールなどは数千円から10万円を超えるものまで存在する。では、1万円のリールと10万円のリールではどれ程の差があるのだろうか。釣り具業界の私がこんなことを言うと怒られてしまうかもしれないが、結論から言ってしまえば「釣りの道具」としてはそれ程変わらない。

安いリールだからといってすぐ壊れて使い物にならなくなってしまうことも、飛距離が格段に違うことも、リーリングが重くてどうしようもないこともない。980円のノーブランドのリールであれば話は別だが、有名ブランドのリールなら「釣りの道具」としては全く問題ない。

確かに、20年くらい前までは、「釣りの道具」としても価格に応じて機能の差があった。例えばベイトキャスティングリールであれば、飛距離の要であるスプールの軸受けのボールベアリングの有無であったり、バックラッシュを防ぐ自動ブレーキの違いであったりだ。また、スピニングリールであれば、イトヨレを軽減するラインローラーの違いであったり、ドラグ機構の違いなどだ。しかし、今では、各メーカーの過当競争もあり、「釣りの道具」としての前記のような重要な機構の違いはほぼない。だから、「釣り道具」として使うのであれば、スピニングリールであれベイトキャスティングリールであれ有名メーカーの

1万円以上のリールであれば、私が使ってみても機能的には全く問題ない。

しかし、「趣味の道具」という意味では話は全く違ってくる。例えば、腕時計で考えてみると、980円のカシオでも、100万円のロレックスでも「時間を知る道具」としてならどちらも大差ない。壊れにくさや正確さ、多機能性では980円のカシオのほうが勝っているかもしれない。しかし、腕に付けた時の満足感や所有感は当然ロレックスのほうが上で、それに100万円を出すことに価値を見いだす人がいることを否定はしない。

リールも同様で、本書の読者は職業漁師ではなく趣味の釣り人であろう。釣りをする目的は、魚をたくさん釣ることだけではない。釣り道具を選んでいるときや、道具を準備しているときのワクワク感、釣りをしているときの思考を巡らす感覚、魚が掛かったときのドキドキ感、レコードフィッシュをキャッチしたときの膝《ひざ》が震えるほどの感動、気に入った道具を所有する満足感。これらの全てが釣りである。各メーカーのフラッグシップモデルは、最高の素材と高度な設計と加工精度、惜しみないボールベアリングなどのパーツの使用等で、価格に見合った工業製品である。日本のリールは間違いなく世界一である。これ程緻密《ちみつ》で高性能なリールが魚釣りに必要かどうかは別としてそれを手に取った時に感じる驚くほどの軽さ、素晴らしい剛性感と滑らかな巻き心地、可動部は遊びのない緻密なタッチなど所有感を満たすに十分である。また、しのぎを削り、わずかなアドバンテージも必要とするプロアングラーには必要な道具かもしれない。

釣りはよい。もし車が趣味であったなら、「世界最高の車」を手に入れるには1億円あっても足りないかもしれない。しかし、釣りは10万円程度で「世界最高のリール」が手に入るのである。ドバイの大富豪と同じリールが使えるのだ。ただ魚を釣るということではオーバースペックであるが、所有するだけで幸せな気分になれるので、それはそれで「趣味の道具」としては正しいと思う。

お客様がリールの選択に迷われているときには、「高いリールだからといって魚がたくさん釣れるわけではない。けれど、気に入った道具で釣りをしたほうが楽しいんじゃないの!? 釣りに行けないときにも眺めたりいじったりして楽しめるしね」と高いリールをオススメする。こんな私の言葉の魔術によって、お客様は高級リールを購入し笑顔で帰って行くのである。

スピニングとベイトそれぞれのメリット

一般的にバスフィッシングでは、スピニングタックルとベイトタックルを使い分ける。最近ではトラウトフィッシングでもベイトタックルを使うことが増えてきた。ここでスピニングとベイトのメリットとデメリットを考えてみよう。

まずスピニングのメリットとしては遠投性に優れるということが挙げられる。その特性上、キャスティング時にスプールが回転しないので、スプール回転による抵抗がかからない。スプールのオーバランによるバックラッシュの可能性もないので、ブレーキを掛ける必要がなく、エネルギーロスもない。また、キャストした瞬間に、静止しているスプールを動かさなければいけないという慣性の法則にとらわれないので、軽量ルアーもスムーズにキャストすることができる。そして、これはドラグワッシャーが大きいからなのか、最大ドラグ力を大きくしなくてよいからなのかよく分からないが、ドラグの利き方も弱から強までベイトリールよりスムーズであると感じる。これらのことから、スピニングは軽いルアーと細いイトを使った繊細な釣りに向いている。デメリットとしては、ラインのイトヨレが発生しやすい。ラインを巻き取るときにその方向が90度変化するので、エネルギーロスが発生し、巻き上げトルクが劣る。太イトを巻くと、スプールへのイトなじみが悪いので、イトがばらけてしまい、バックラッシュ（ゴップ）が発生する。

次にベイトのメリットとしては、キャスト時に常にスプールに指を当てておくことができるので、飛距離のコントロールがしやすい。またベールを返す動作がないので手返しがよい。ラインの巻き上げ方向とラインの方向が同一なのでイトヨレが発生しづらく巻き上げトルクがある。これらのことから、ある程度重いルアーを太イトで近距離から中距離を手返しよく正確に打っていく釣りや、巻き抵抗の大きいルアーを一日何百投も巻き続けるような釣りに向いている。デメリットとしては、キャスト時にバックラッシュの可能性があるので、それをコントロールするためにある程度の熟練を要する。軽いルアーは投げづらい。ドラグの強弱の微調整が今イチ。といったところであろうか。

スピニングとベイト、どちらがよいということではなく、特性も一長一短であるので、メリットとデメリットを理解した上で使い分けるのがベストであろう。

余談となるが、いつも不思議に思うことがある。これは私だけが感じていることかもしれないが、バスフィッシングにおいては何故だかベイト至上主義的なものを感じる。他の釣りを見渡してみても、オープンウォーターで、ルアーを遠投するような釣りではほとんどスピニングリールを使うし、その特性からもそれが合理的に思える。例えば、トラウトやシーバス、マグロ釣りでさえキャスティングゲームではベイトリールを使うことはほとんどない。なのにバスフィッシングでは、それ程引き抵抗のないバイブレーションを遠投するような釣りでなぜベイトリールを使うのだろう。スピニングタックルでやったほうが合理的のような気がするのだが……。釣りには「過去の呪縛」から逃れられず、非合理的なことであっても思考停止状態で、それが常識であるとまかり通っていることが少なからず存在する。

「流行のベイトフィネス、パワーフィネスについて」

最近流行のベイトフィネス、パワーフィネスについてちょっと気になることがある。ベイトフィネスタックルを一式揃えたはよいが、手放してしまう人が少なからずいることだ。確かに、釣り歴が長ければ長いほど、「ベイトタックルで軽いルアーを思いのままに投げる」ことは、憧れであるだろう。そこに突如現れたベイトフィネスタックル。思わず何も考えずにその夢が叶うと信じ飛びついてしまう気持ちも分からなくはない。かくいう私もその一人だ。しかし、このベイトフィネスというものは、ベイトキャスティングリールに革新的な技術的ブレイクスルーがあって、突如「できなかったこと」が「できるように」なったわけではない。ベイトキャスティングリールで軽いルアーが投げられるようになったのは、細いラインを使用することを前提とすることによって、スプールを極端に軽量化し、さらにはイト巻量も例えば８lbが45ｍしか巻かない（けない）としただけで、今までできなかったというわけではない。

昔から「硬いスピニングと柔らかいベイトは使い物にならない」と言われてきた。それは先に書いたようにそれぞれのメリットとデメリットを端的に表わした言葉で、やはりベイトは重いルアーを太いイトで（硬いサオで）使用するのがその特性を発揮できるのである。逆に、軽いルアーを細いラインで使う場合はスピニングタックルのほうが合理的なので、作ったとしても売れなかったのであろう。

しかし、フィッシングスタイルが多様化していく中で、非常にニッチな条件下ではこのベイトフィネスが威力を発揮することは否定しない。その非常にニッチな条件とは次のような場合である。例えば霞ヶ浦などでパラ杭やパラアシが何百メートルも続くストレッチを比較的近距離で延々とピッチングで釣っていくときなどは、ベイトタックルでラバージグやライトテキサスなどで打っていく。しかし、フィッシングプレッシャーが高くなり、重いルアーと太いラインでは魚が口を使わなくなってきた。そんな中で軽いルアーをある程度細い8lb前後のフロロで釣りたいときに、スピニングタックルでは8lbのフロロは非常に使いづらいし、手返しやアキュラシーも悪い。そこで、そんなシチュエーションでは、このベイトフィネスが絶大な効果を発揮した。通常のベイトタックルでは投げづらいような軽いルアーを8lb前後のラインで近距離から中距離を手返しよく正確にピッチングで釣っていくには好都合だ。ベイトフィネスロッドの基本は68MLなどのピッチングアクションであることからもそれが分かるだろう。ちょうど、スピニングタックルとベイトタックルのわずかなすき間をうめるシステムであったのだ。しかし、ベイトフィネスタックルを、単純に軽いルアーをスピニングと遜色《そんしょく》なく遠投できることを思い描いて手に入れた人は絶望したであろう。また、このようなニッチな条件で釣りをする釣り人は全体でどれくらいいるだろうか。これが買ったのはよいがほとんど出番がなく手放してしまう人が多い理由だ。スピニングのパワーフィネスというシステムも非常にニッチなタックルシステムである。購入を検討されている方は、自分が本当にこれらのシステムが必要なのかをよく検討したほうがよいだろう。

「メンテナンス、カスタムについて」

よく「リールのメンテナンスはどうしたらよいですか」と聞かれる。そんなときには「今のリールは基本的にメンテナンスフリーなので、基本的に何もしなくてOKです」と答える。さらに「やたらにオイルを差すのはダメですよ」と付け加える。「えっ!」と思う方もいると思うのでもう少し詳しく説明しよう。

まず、スピニングもベイトもリールにダメージを与えるのは次の3パターンである。

①「錆」：水分や塩分により金属部に発生する。

②「異物によるパーツの傷や摩滅《まめつ》」：細かな砂やホコリ、塩の結晶等が摺動《しゅうどう》部、ボールベアリング、ギヤ等に入り込み、パーツを傷つけたり、摩滅させたりして、動作不良や巻き心地の悪化などを引き起こす。

③「潤滑油切れによるパーツの傷や摩滅」：摺動部、ボールベアリング、ギヤ等のオイルやグリスの潤滑油がなくなりパーツを傷つけたり、摩滅させたりして、動作不良や巻き心地の悪化などを引き起こす。

これらのトラブルをを防ぐには、メンテナンスをどうすればよいだろう。

まず、①の「錆」と②の「異物によるパーツの傷や摩滅」対策であるが、最近のリールは非常に密閉性が高く、水没させてしまうようなことがない限り内部に真水や海水が浸入する心配はほとんどないといえる。砂やホコリに関しても同様だ。また、外装は錆に強い材質や加工が施されているので、よっぽどひどい扱いをしない限りは錆びてしまう心配は少ない。

よって、釣りから帰ってきたら、水道水やシャワー等の流水で海水や砂などを洗い流す。摺動部（ベールやスプール、ハンドルノブなど）を動かしながら、そのすき間にも入り込んでいる海水や砂などを洗い流す。この時に注意したいのはドラグをしっかり締めて行なうことだ。ドラグが緩んでいると、ドラグワッシャーのすき間に水が入り込み、ドラグの動作が著しく悪くなってしまう。さらに注意してもらいたいのが、流水の水圧を高めないことだ。いくら今のリールは密閉性が高いといえども完全防水ではない。水圧が高いとリールの内部に水が浸入し、その密閉性の高さがあだとなり水が抜けずに内部に錆が発生したり水がグリスやオイルと混ざり合い潤滑不良を招く可能性がある。お湯で洗うことも避けたほうがよい。お湯を使うと、各部に塗布してあるグリスやオイルを溶かし、洗い流してしまう可能性がある。また、海水で使用した場合には海水が乾燥して塩分が結晶化してしまう前にこの作業を終わらせたほうがよい。塩分が結晶化してしまうとそれを溶かすのに時間がかかり、完全に塩分を取り除くことが難しくなるからだ。特に入念に洗いたい部分は、スピニングであればラインローラー周り、ベイトであれば、レベルワインダーのウォームギヤ周り、スプールとボディーの間、クラッチレバー周りである。

　余談であるが、リールには「海水ＯＫ」と謳《うた》ってある場合がある。これについても海で使用して何もしなくてもＯＫというわけではない。あくまでも防錆を高めた表面処理や防錆ベアリングを採用して「錆びづらく」なっているだけである。海水での使用で一番問題となるのは「塩ガミ」で、これはギヤやベアリング内に浸入した海水が乾燥し塩分が結晶化し、その結晶がギヤやベアリングに噛《か》み込んで、砂などが入ったのと同じようにゴリゴリになってしまうことである。なので、「海水ＯＫ」のリールでも海水での使用後は塩分

釣りから帰ったらすぐに
水道水やシャワー等の水で洗う

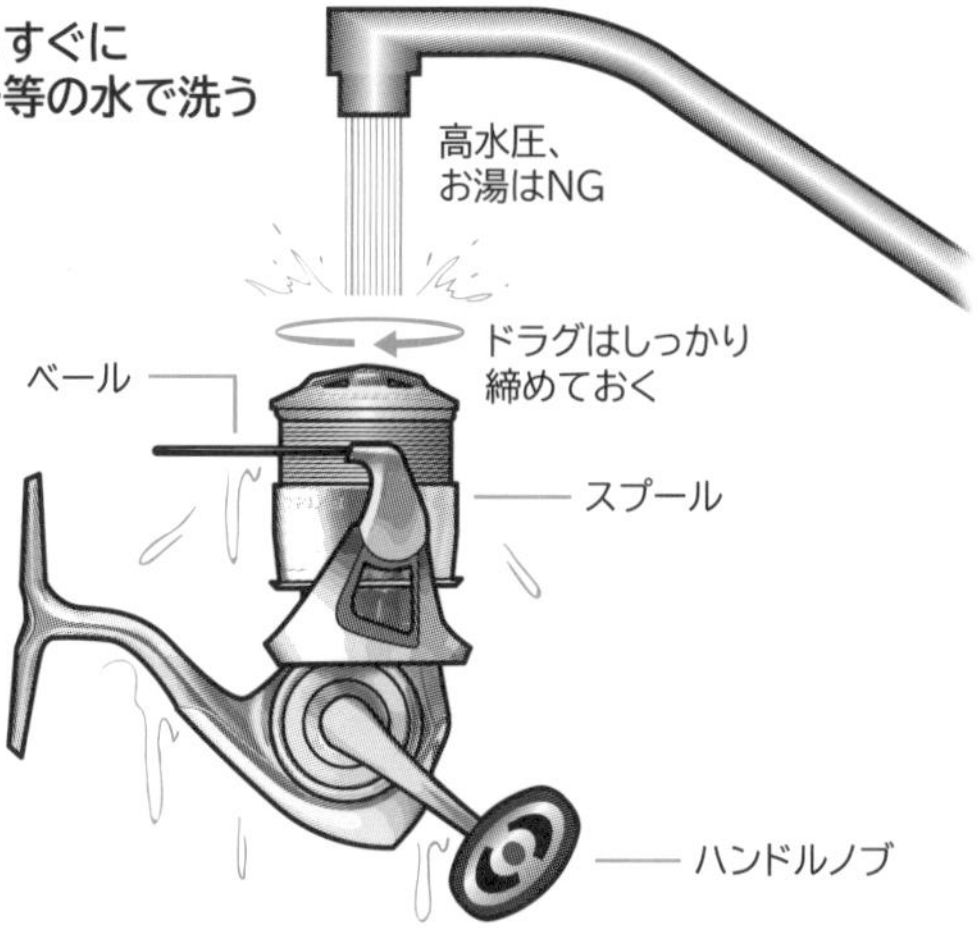

お湯はNG
ドラグはしっかり
締めておく

入り込んだ海水、砂
等も洗い流す

入念に洗いたい部分は……

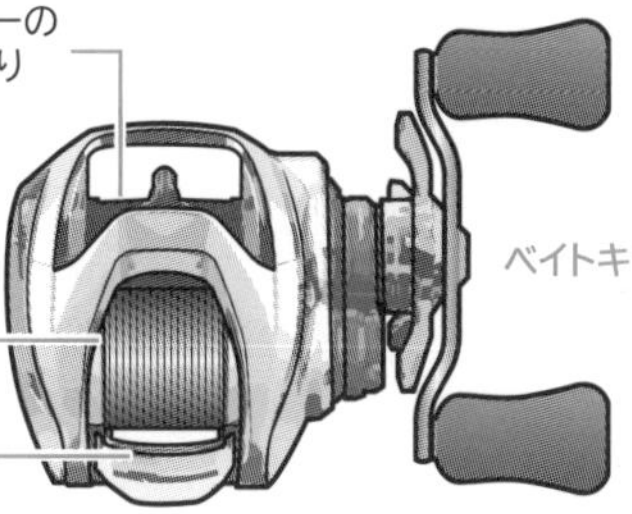

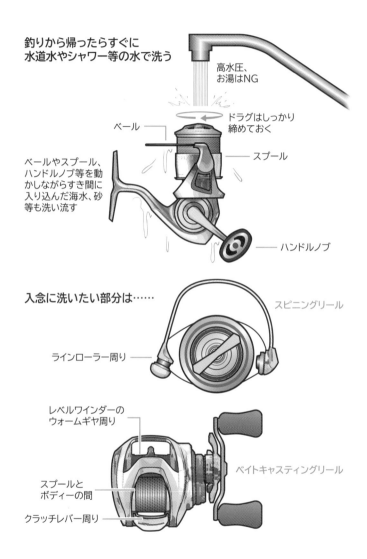

をよく洗い流すことが重要だ。

つぎに③の「潤滑油切れによるパーツの傷や摩滅」対策に関してはどうしたらよいだろうか。まず、オイルやグリスなどの潤滑油の役割は作動部の動きをスムーズにする「潤滑」と作動部の擦《こす》れ合う部分の「摩耗を防止」することにある。また、金属パーツの表面に油膜を形成し、「錆を防ぐ」という効果もある。潤滑油が切れてしまうと作動部のパーツが潤滑油の保護なく直接擦れ合い動きが悪くなるだけではなく、パーツが擦れ合う部分に傷が入ったり摩滅して、シャリシャリ感やゴリゴリ感といった気になる症状が出てしまう。ただし、釣り用のリールは車のエンジンなどとは違い、高温、極圧、高回転などで潤滑油自体が劣化してしまう心配はほとんどない。大切なのはギヤやベアリングなどの摺動部に潤滑油が常に保たれ油膜切れを起こさないことだ。

できることならば定期的に摺動部に注油をしたりグリスアップをしたいところだ。しかし、ボディー内部はボディーを分解しなければならず、もはや精密機械といえる現代のリールを一般のユーザーが分解してメンテナンスするということは、ほぼ不可能で現実的ではない。そこで、通常の使用であれば数年は潤滑油切れなど起こさないように作ってある。そういった意味でほぼ注油（グリスアップ）は必要ないといえる。

さらに「やたらにオイルを差すのはダメですよ」というのは、この硬さのあるグリスを密閉性の高いリールのわずかなすき間から、内部の目的のパーツに注油しようとしてもそもそも無理な話である。浸透性の高いサラサラのオイルスプレーであれば、内部まで入っていくであろうが、そうすると始めに塗布されていた最適な硬さのグリスを洗い流してしまうことになる。よくあるのが、リールを大事にするあまり、サラサラのオイルをボディー内にじゃんじゃん注油してしまう。そうすると内部のグリスがオイルで溶かされオイルに置き換わってしまう。当然硬さのあるグリスがサラサラのオイルに置き換わるので巻き心地は軽くなる。「俺ってすげー。軽巻きチューンだぜ」なんて言って使っていると、ゴリゴリになってきて「店長〜」というパターンだ。オイルはサラサラなので時間と共に下に流れていき、その場所に長く留まっていてくれないのですぐに潤滑油切れ状態となって、パーツにダメージを与えてしまう結果となるのだ。

よって、外側からグリスアップできる箇所は、スピニングであればベールの付け根やメインシャフトの付け根の摺動部、ベイトであれば、クラッチ周りの摺動部とレベルワインダーのウォームギヤ部くらいであろう。

余談であるが、最近のリールは、分解する部分に特殊ネジが使われるのをよく見る。これは、メーカーからの「開けるな！」というメッセージである。通常の使用であれば、５年間くらいはノーメンテでも大きな不具合がでることはないであろう。５年後には新しいリールに買い換えである。でも、どうしても気になる、少しでもよい状態を維持したいという人は、メーカーへのオーバーホールをオススメする。基本的な料金は４０００円前後だ。機械いじりに自信のある人は自己責任で自分で分解しメンテナンスすることを否定はしない。もし、分解してにっちもさっちもいかなくなったら「店長〜」と言いながらバラ

写真のスピニングリールはフット部分に特殊ネジが使われている。これは「開けるな！」というメーカーからのメッセージ。一般ユーザーはこのような箇所には手をつけないほうがよい

バラのリールをお持ちいただければどうにかしますよ。

こう書いておいてなんだが、リールには「注油しなければならない」箇所もある。それは、ベイトリールのスプールの両端を支持しているベアリングだ。前にも書いたが、ベイトリールはキャスト時に構造上スプールが回転してラインを放出する。スプールの回転がよいほど飛距離が出る。したがって、それを支持しているベアリングは回転性が重要である。メンテナンス性を考えればこのベアリングにもグリスを封入したいところだが、グリスはある程度硬いので回転性が落ちてしまう。そのため、回転性を優先し粘度の低いオイルが塗布されている。粘度が低ければ低いほど回転がよくなるが、持ちも悪くなる。なので、頻繁に注油しないとすぐにベアリングがダメになってしまう。このベアリングにアクセスす

るにはコイン等でネジを緩めたりレバーでストッパーを解除することにより工具なしでサイドカップを開けることが出来る。また、購入時に箱の中にオイルが入っていたりする。これはすなわち、「簡単に注油できるように作ってあるし、丁寧にオイルも付けといたからちゃんと注油してね」というメーカーのメッセージである。

ここで、もう1つアドバイスを。スプールのベアリングに注油するオイルの量は1滴の半分程で十分だ。多くの方は、少しでも飛距離が出るようにこのベアリングにたっぷりオイルを注油してしまう。確かにたくさん注油したほうがより飛ぶような気がする。しかし、ボールベアリングに注油する意味は回転をよくするというより、ベアリングの保護といった意味合いが大きい。ちなみに、ボールベアリングはレース中で鋼球が転がることにより摩擦抵抗を軽減して回転する構造である。意外かもしれないが、ボールベアリングが一番よく回転するのは、ノーオイルの状態なのである。例えば自動車のタイヤをイメージしてほしい。自動車のタイヤも転がることにより路面との摩擦抵抗を軽減して前に進む。乾燥した路面を走行しているときにはスムーズに前に進むが、急に水たまりが現れてそれに進入した場合はどうだろうか。タイヤの前面にできた水の壁の抵抗と水の表面張力により急激に減速するのを体感するであろう。ボールベアリングも同様で、ベアリングの中がジャブジャブオイルに満たされると、水たまりに進入したタイヤと同様に、オイルが回転抵抗となってしまうのだ。オイルをジャブジャブくれすぎても、最初の1投目でベアリングの外に飛び出てしまうので無駄になるだけでリールが壊れてしまうわけではないが、外に飛び出たオイルはホコリや砂がついてリールが汚れるし、最悪の場合はスプールエッジとボディーとの間にしみこみ油膜を形成し極端にスプールの回転を悪くする。たまに、「リールが突然飛ばなくなっちゃったんだけど」という場合は、リールを大事にしすぎてオイルを差しすぎて、スプールを外してみたらオイルでベタベタということがある。

先にも書いたように、最近のリールは、特に高級機になるとその作りはもう時計並みの精密機械に近い。また、その設計に関しては、メーカーの威信にかけて莫大な開発費を投入して開発されている。はっきり言ってしまえば、素人が手を加えたところでよくなるものではないのだ。例えばロレックスなどの機械時計を自分で分解してメンテナンスしようと考える人はほぼいないだろう。メーカーの修理に持ち込まれるものの多くは「いじり壊してしまったもの」であると聞く。最近はSNSやYouTubeなどでリールのカスタムやチューニング動画なども多いので、それを真に受けてしまう人も多いようだが、まあまあひどい内容のものもよく見かけるので注意してほしい。

とはいえ、私を含め機械いじりの好きな人は、ダメといわれてもいじりたくなってしまうものだ。確かにオイルの粘度やグリスの硬さを色々変えるとリールの特性が変わる。使用する潤滑油やカスタムパーツのメリット・デメリットを理解した上での「リールいじり」も釣りの楽しみの一つかもしれないので、否定はしない。

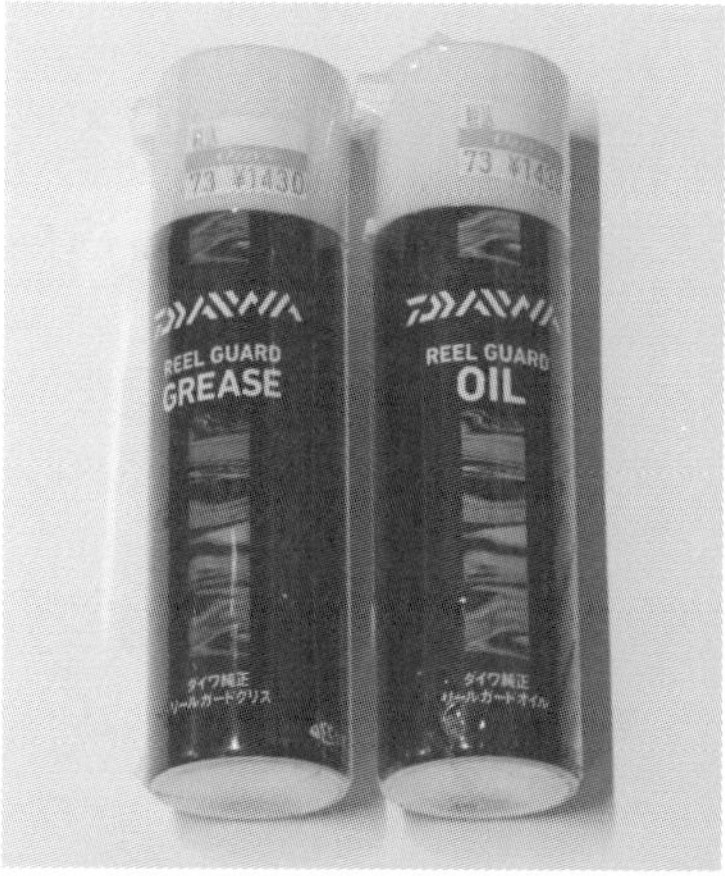

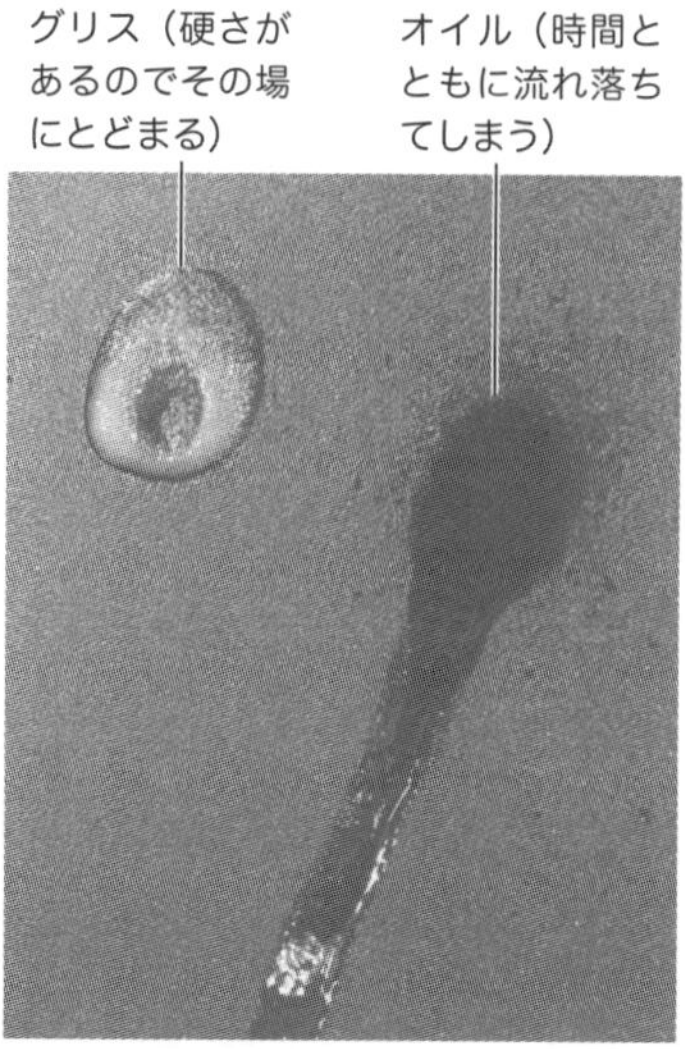

リール用のオイルとグリス。粘度が異なる（写真）ので、使用する箇所を間違えないように。そして量にも注意。差しすぎは禁物だ

ボールベアリングにオイルを差しすぎると、オイルが外に飛び出し、最悪の場合はスプールエッジとボディーとの間にしみこみ油膜を形成し極端にスプールの回転を悪くする

取り扱いの注意

せっかく買ったリールをできることならよい状態で長く使いたいものである。いつ訪れるか分からないメモリーフィッシュとのファイト時にリールが最高のパフォーマンスを発揮できるように、また、トラブルに見舞われないように私が常日頃リールの取り扱いで気をつけていることをお話ししよう。

まず、スピニングリールの取り扱いの注意点をいくつか書いてみよう。スピニングリールで一番気を使っているのがラインの触れる部分の傷である。とくにむき出しのスプールエッジやベール周りは、うかつに地面に置いたりどこかにぶつけたりすると傷が付いてしまうことになる。ここに傷が付いてしまうと当然ラインもダメージを受けることとなる。よって、保管時、持ち運び時、使用時にもダメージを受けないように注意したい。私は、スプールエッジにはエッジガードなどでスプールエッジを保護している。また、保管時にはドラグを緩めておくことも忘れないようにしたい。前にも書いたが、小型スピニングリールはドラグが滑らかに作動するようにシングルドラグワッシャーになっている。そのドラグワッシャーはフェルトなどの弾力性のある素材が使われており、その適度なクッション性により一定のドラグ圧力で滑らかなドラグの動作をするようになっている。ドラグを締めっぱなしにしていると、ドラグワッシャーがせんべい布団のようにつぶれてしまい、クッ

スピニングリールのスプールエッジはエッジガードなどを付けて
持ち運びの際に傷がつくのを防ぐようにしたい

ション性がなくなり滑らかなドラグの性能が発揮できなくなってしまう。また、どうしても使用すればするほどそのクッション性は失われていくので、ドラグ性能を重視する人は、1年に1回くらいドラグワッシャーを交換するのがよいだろう。ほんの数百円で、工具なしでも自分で簡単に交換できる。

次にベイトリールの注意点は、スピニングほど多くはないがよく見るトラブルは、サイドカップの脱落による紛失だ。先に書いたように、メンテナンス性をよくするために、サイドカップは工具なしで簡単に外せるようになっている。それが仇《あだ》となり、気づかないうちにストッパーが解除され、サイドカップが外れ水底にユラユラとさようならで「店長〜」である。また、キャスティングコントロールを緩めすぎて外れてしまい、水底にユラユラとさようならで「店長〜」もたまにある。

キャスティングコントロールは緩めればスプールの回転がよくなるので、飛距離を出そうとつい緩めがちである。しかしながら、あるところ以上に緩めてもメリットはない。というより、キャスティング時にスプールの左右の位置が決まらずバイブレーションを起こして暴れてしまうので、逆に飛距離が落ちてしまう。またリールによっては、スプールピンがピニオンギヤに干渉して、最悪リールを壊してしまうこともある。スプールを左右に動かしてみてガタツキがあるようならば、それはキャスティングコントロールを緩めすぎである。

もう1つの選択肢、クローズドフェイス

クローズドフェイスリールというリールをご存じだろうか。若い釣り人は見たこともない方もいるのではないだろうか。

私は、今では使うことはないが、クローズドフェイスリールが大好きで、これを発明した人に畏敬《いけい》の念を覚える。

スピニングリールやベイトリールは、構造原理が分かりやすく、何となく私でも発明できたのではないかと思えるが、クローズドフェイスリールは非常にシンプルな構造であるにもかかわらず画期的な構造をしている。斜め45度の天才的発想がなければ発明できなかったろう。確かに、機能的にはスピニングにもベイトにも劣るが、トラブルレスで

扱いやすいイメージのあるスピニングリールだが、ラインの巻き取り時にたるみがあったりすると写真のような“ピョン吉君”ができたりしてトラブルの元になる

簡単に扱える点で抜きん出ている。ベイトリールはバックラッシュという問題から、使いこなすにはそれなりの熟練を要する。スピニングはそれよりも扱いやすいといわれているが、ラインのたるみを上手く処理しないと、スプールにラインがフカフカに巻かれてバックラッシュやピョン吉君ができたりで意外と難しいのだ。

日本では何故だかこのクローズドフェイスリールの評価は非常に低く、初心者向けに積極的に販売されているのを見たことがない。釣具屋の「釣り入門セット」にも、スピニングリールが付いている。

釣りを始めたばかりの人は、扱いの難しい道具を使いこなしたいわけではなく、道具の使いにくさなど意識しないで楽しく釣りをしたいのだ。特に子供などは、ライントラブルをほどいている間に飽きてしまう。私は、小学校低学年以下の子供用にルアータックルをお買い求めのお客様には、迷わずクローズドフェイスリールをオススメする。「変なリールをすすめられてしまったな」などという顔でお帰りになられるが、後日来店されたときには感謝の言葉を頂けることがほとんどである。

私は、小学校低学年以下の子供用ルアータックルには、迷わずクローズドフェイスリールをオススメする。結果はご覧のとおりだ（柏瀬克也君６歳）

6章 リーダーとノットの話

そもそも「なぜリーダーは必要なのか」を再考する。ノットの結節強度を引き出せるかどうかは釣り人次第

リーダーを付ける意味

メインラインにナイロンやフロロなどのモノフィラメントラインを使うルアーフィッシングでは、多くの場合メインラインを直接ルアーに結んで使用する。

しかし、様々な理由からメインラインの先に違う素材や太さの先イトを取り付ける場合がある。これがリーダーである。よく、ショックリーダーなどと言われるので「ショックを吸収するために付けるんでしょ」と誤解されることも多い。しかし、リーダーの役目は様々でそれだけではない。例えば代表的なものはフライフィッシングのリーダーだ。フライ（毛バリ）は非常に軽く空気抵抗も大きいので、フライ自体の重さではキャスティングできない。そこで、自重のあるフライラインを鞭《むち》のように繰りループを作ることで遠くにキャストする。ただし、フライラインはスパゲッティのように太く、それ自体にはフライを結べないので、ナイロンやフロロ製のリーダーを付けて、その先にフライを結んで釣りを行なう。また、エサ釣りなどで使うハリスもリーダーといってよいかもしれない。いずれにせよ、メインラインにルアーやフライを直結したのでは具合が悪い場合、リーダーを付けることでメリットが発生することによりリーダーを使うことがある。

本書の読者は主にルアーアングラーであろうから、リーダーといえば「ＰＥラインの先っちょに付けるやつ」であろう。よって以下は主にＰＥラインの先に付けるリーダー

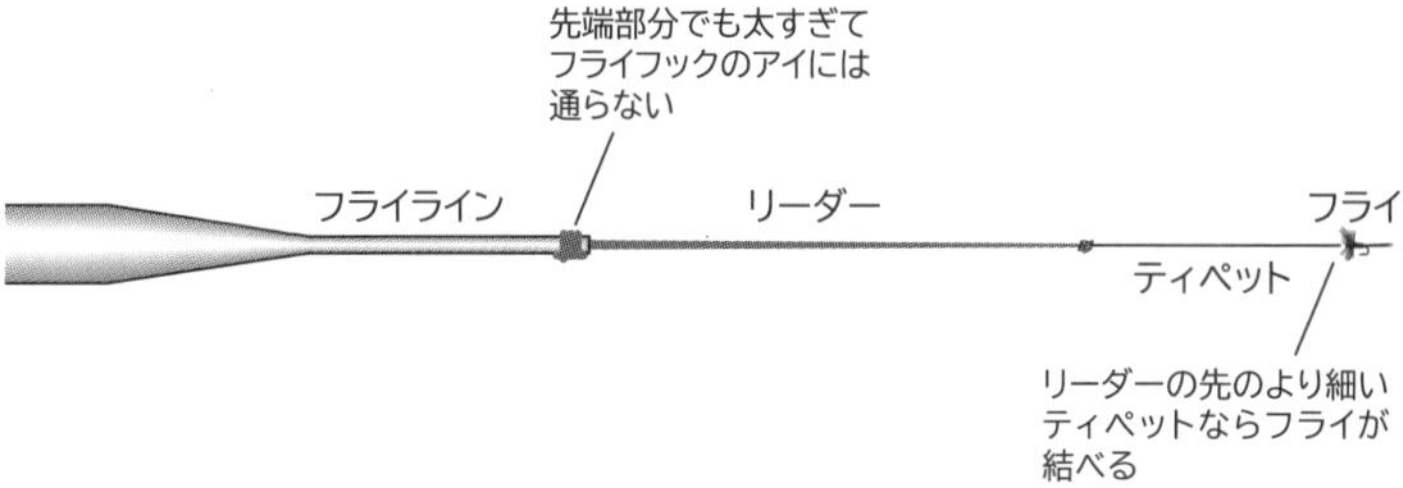
先端部分でも太すぎて
フライフックのアイには
通らない
フライライン
リーダー
フライ
ティペット
リーダーの先のより細い
ティペットならフライが
結べる

について解説する。

・PEラインの1号には何ポンドのリーダーが最適か

店頭でよく「PEラインの1号には何ポンドのリーダーを使えばいいんですか?」と聞かれることがある。ちょっと意地悪で「何でリーダーを付けるんですか?」と聞き返すと「えっ、だってPEにはリーダーを付けないといけないんじゃないですか」と返される。リーダーを付ける意味が分からなければそのまま直結でやってみて、何も不具合を感じないのであれば、そのほうが手間が省けるし、ラインシステムもシンプルになるのでいいではないか。直結でやってみて、不具合を感じたら、それがリーダーを付ける意味である。

意地悪はそれくらいにして、PEラインにリーダーを付ける意味を考えてみよう。

・結節強度が弱い

PEラインは結節強度が極端に弱い。PEラインをルアーやスナップに直結した場合、その結節強度は半分くらいになってしまうといわれている。例えば20lbのPEラインをルアーに直結すると、どんなに上手に結んだとしても結節部分でおよそ半分の10lbになってしまうということだ。これでは、せっかく細くて強いPEラインを使用してもそのメリットである直線強度を生かし切れない。そこで、メインラインのPEの先端部にモノフィラメントのナイロンやフロロのリーダーを結節し、そのリーダーにルアーやスナップを結節するというアイデアがこの場合のリーダーの意味するところである。

メインラインのPEラインとモノフィラメントのリーダーを結節する場合、FGノットやPRノットといったいわゆる摩擦《まさつ》系ノットを上手にしてあげると100%近い結節強度が得られる。また、モノフィラメントラインのリーダーもパロマーノットなどでルアーやスナップに上手に結んでやると同じく100%近い結節強度が得られる。この、結節強度の問題のみを考えるのであれば、リーダーの長さは長くても短くても関係ない。ただ、メインのPEラインの強度を100%生かしたいとなると、少し問題が出て来てしまう。それはリーダーがメインのPEラインよりも極端に太くなってしまうということだ。例えば20lbのPEラインの太さは1号前後であるが、20lbのナイロンやフロロの太さは5号前後と直径で2倍以上になってしまう（5倍ではない理由はラインの話の項を参照）。PEラインの細くて強いというメリットをスポイルしてしまう。

ライギョ釣りのフロッグゲームでは、ほとんどの場合PEラインをスナップに直結して使う。この釣りでは、８号とか10号とか極端に太いＰＥラインを使う。８号といったら１００lb＝45kgf前後、10号となれば１４０lb＝63kgf前後の強度があるので、結節強度が半分になったところで屁《へ》でもないのである（太いＰＥラインであれば結節強度はもう少し上がるかもしれない）。

・伸びが少ないので、急激なショックに弱い

ＰＥラインはナイロンやフロロなどのモノフィラメントラインに比べ、同じ太さであればその直線強度は3倍程度強い。ということは使用するラインの太さをより細くすることができるということだ。ナイロンやフロロで20lbといったら、根掛かりしてどうしてもラインを切らなくてはならない場合などはかなり大変だ。しかし、ＰＥラインの20lbの場合、力を加えるとあっけなく切れる。これはＰＥラインが伸びが少ないことによるものだ。

野尻湖にバス釣りで通っていた25年以上前の頃、スピニングタックルでのキャロライナリグにはまっていたことがありこんな経験をした。この釣り方は７ftくらいのロッドにメインラインはフロロの４lb、シンカーは10g、リーダーはフロロ３lbを使い、バス釣りとしては深い水深10m前後のボトムを広範囲に釣るというものだ。４lbラインに10gというとラインが弱すぎて投げ切れが多発するように思うかもしれないが、ロッドの反発を上手く利用すると、投げ切れることなくフルキャストすることができた。まだその頃は、バスフィッシングでＰＥラインを使うのは一般的ではなく、ＰＥを新素材などと言っていた時

代だ。ＰＥラインの細くて強くて、伸びが少なく超高感度の特性に目を付けて、これを使えば、メインラインを数ランク細くしてディープの釣りも手に取るように攻略できるかもしれないと思い採用してみた。リールに巻いたのはＰＥラインの０・６号。今のＰＥラインであれば14lb前後の強度がある。当時のＰＥラインでも８〜10lbの強度があっただろうか。元々のフロロラインの強度の２倍以上である。早速湖上に出てキャストしてみると、強度が２倍以上あるのにブチブチと投げ切れてしまう。何回仕掛けを作り直して試しても、あっけなく仕掛けが飛んで行ってしまうのだ。切れないようにそっと投げるのでは飛距離が出ないので、ＰＥラインを使う意味がない。また、キャスト切れしないように強度を上げるために太いＰＥラインを使うのも意味がない。今であれば、キャスト時にリールに数回巻ける程度の長さの４lbのリーダーを付ければこの問題は解決すると分かるが、当時はこの新素材のデメリットを克服するためのリーダーシステムが試行錯誤されていた頃で、そんなことは思いつきもせずＰＥラインの使用を断念した。

このように、キャスト時のショックを吸収するためにリーダーを使う場合もあるが、冒頭に書いたように、魚とファイトするときに、魚の急激な引きのショックを緩和するために伸びのあるリーダーを使用する場合もある。

余談であるが、この頃、私は前記のような経験からバスフィッシングでは積極的にＰＥラインは使わなかったが、ソルトウォーターのオフショアのキャスティングゲーム（シイラやカツオ、マグロなど）では少しずつＰＥラインを導入し始めていた。現在主流のＦＧ

ノットやPRノットなどの摩擦系ノットはまだなく、ビミニツイストでダブルラインを作り、フィッシャーマンノットでリーダーを結節したりしていた。ノット部が大きく、ガイド抜けの悪さに閉口しながらキャストしていた頃を思いだした。

・張りがなくガイドやルアーに絡む

ＰＥラインは組糸なので、ライン自体には張りがなく木綿糸のようにふにゃふにゃである。故にイトフケがでた場合などにはガイドに絡み付いてしまうことがある。ガイドに絡み付いていることに気づかずキャストするとガイドが飛んでしまったり、最悪の場合はサオ先を折ってしまうなどのトラブルが発生する。そのようなトラブルを回避するために、ＰＥラインの先にモノフィラメントのリーダーを付ける場合がある。

また、トップウォータープラグの釣りをする場合なども、ＰＥラインに張りがないことにより、ルアーがラインを拾って頻繁《ひんぱん》に絡まってしまう場合がある。これを回避するためにリーダーを付ける場合がある。

・摩擦に弱い

先に書いたようにＰＥラインは摩擦に弱い。人間の力ではとても切ることができないような10号（約60kgf）のＰＥラインも、ガイドに通してテンションを掛けながら何往復も擦ってやるといとも簡単に切れてしまう。当然、キャスト時のガイドとの擦れやスピニングであれば指を掛ける部分、また、障害物に触れたときや、魚が掛かったときも魚の歯や魚体とのスレにより切れてしまうリスクが高まる。そういったデメリットを回避するために、PEラインの先にモノフィラメントのリーダーを付ける場合がある。

・透明感がなく魚に見切られる？

PEラインは透明ではなく魚が警戒するので、透明なリーダーを付けるという論理もある。確かに、人間の感覚からすると「透明ではない＝見えやすい」のでもっともな論理に思える。賛否が分かれると思うが、私はラインの色やPEラインが透明でないことはあまり気にしない。これはルアーの項でも書いたが、「透明ではない＝見えやすい＝警戒する」はあくまでも人間側の感覚で、魚はラインの存在を知覚するのを視覚だけに頼っているわけではない。魚には側線という感覚器もあるし、もしかしたら未知の感覚器により水中の物体を認知しているかもしれない。バスなどは、闇夜や濁った水域でも普通に釣れるということは、魚が水中の物体を知覚するのを視覚だけに頼っているわけではないことの証明である。そう考えると、ラインが人から見えやすくても、そうでなくても、魚はラインの存在を知覚していると考えれば、ラインの色は釣果にはあまり関係ないように思える。ただし、釣りをするときの気分はとても大切だ。「ラインが透明でないと魚が警戒するので釣れないのではないか……」と思いながら釣りをするのは楽しくない。ということから透明なリーダーを付けることは否定しない。

・ＩＧＦＡレコードを狙おうとしたときに有利

これはほとんどの人にはあまり関係ないかもしれないが、ＩＧＦＡレコードを取得するときに有利となることからリーダーを使用する場合がある。ＩＧＦＡルールでは以下のようにリーダーの使用が認められている。

「リーダーの使用は必須ではないが、使用する場合には以下のとおりとする。リーダーの長さとは、ルアー、フック、または他の用具を含めた全体の長さであり、末端に位置するフックのベンドから測定する。リーダーはスナップ、ノット、スプライス、スイベルまたは他の用具でラインに接続されていること。リーダーを握るための用具類を装着してはならない。リーダーの材質および強度については制限しない。

【海水魚】リーダーの長さは、10kg（20lb）以下のすべてのラインクラスでは４・57m（15フィート）以内とし、リーダーとダブルラインの合計長は６・１m（20フィート）以内でなければならない。10kg（20lb）をこえるすべてのラインクラスは、リーダーの長さを９・14m（30フィート）以内とし、リーダーとダブルラインの合計長は12・19m（40フィート）以内であること。

【淡水魚】すべてのラインクラスにおいてリーダーは１・82m（６フィート）以内とし、リーダーとダブルラインの合計長は３・04m（10フィート）以内であること。」

ということは、例えば1kgクラスのオオクチバスのレコードを狙おうとしたとき、メインラインの強度は1kg以下でなければならない。しかし、ルアーの長さを含めて1・82m以内であればどんなに太いリーダーであれ付けることが認められているので、リーダを付けることにより有利になるのでリーダーを付ける場合がある。

・キャスティングをスムーズにするため

キャスト時に起こる問題を回避するためにリーダーを付ける場合がある。例えば、先端からメインラインに向かって徐々に細くする中間リーダー（スペーサーシステム）というものがある。キス釣りなどの投げ釣りの力糸（リーダー）もスペーサーシステムといえる。ちなみに投げ釣りのラインシステムでは、飛距離を稼ぐためにメインラインは空気抵抗の小さい極力細いライン（PE1号など）を使う。しかし、投げ釣りで使うオモリは20号（75g）～30号（113g）もあるので、リーダーを付けずにそのままオモリ（テンビン）に直結してキャストしたら簡単に切れてしまう。前出の私のキャロライナの釣りの失敗例のようにだ。それを防ぐために、キャスト時に耐えられる太さのリーダー（ナイロンであれば10号以上）を付けるのだが、リーダーとメインラインの太さの差があまりにもあるのでライン放出時にライントラブルが多発する。このライントラブルのメカニズムは、太いリーダーがガイドを通過するときにはラインとガイドの摩擦抵抗が大きくラインの通過速

スペーサーシステム(中間リーダー)の一例

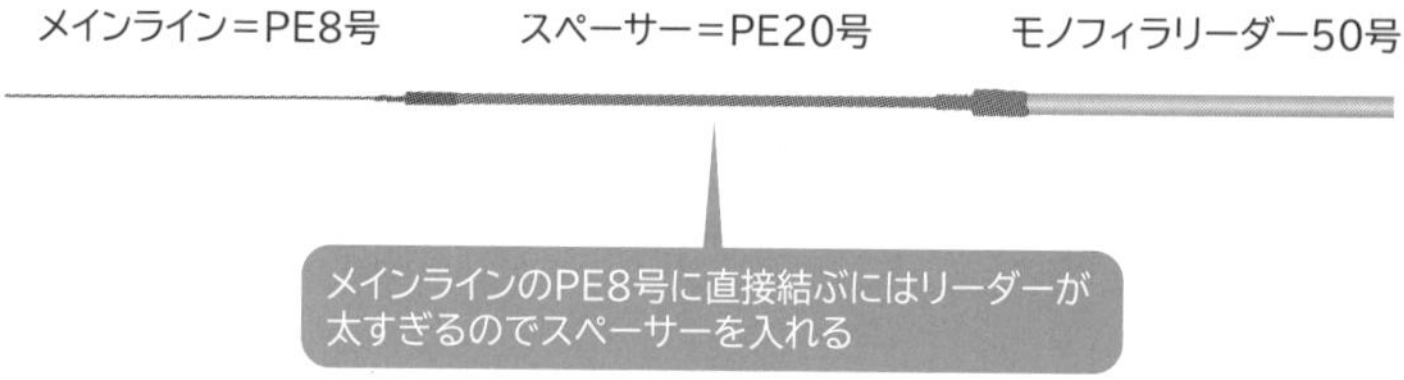
メインライン＝PE8号
スペーサー＝PE20号
モノフィラリーダー50号
メインラインのPE8号に直接結ぶにはリーダーが太すぎるのでスペーサーを入れる

度が抑制されるので通過スピードが遅いが、メインラインの細いＰＥラインが通過するときには摩擦抵抗が小さいのでラインスピードは速い。すると太いリーダーを細いラインが追い越してしまう。これがガイド通過中に起こるとラインがガイドに絡む。また、放出後に起こるとエアノットが発生する。リーダーを使う釣りで「ガイドにイトがらみが多発する」「エアノットが多発する」場合は、ラインシステムを再考することで解決する場合が多い（ロッドのガイドセッティングが悪い場合もある）。

少し話がそれたが、この問題を解決するのが力糸というリーダーシステムだ。力糸の構造は先が太くテーパー状に徐々に細くなりメインラインに結節する。キャスト時には太い部分が切れないように力を受け止め、キャスト後にリーダーがガイドを通過するときには徐々に細くなるので通過スピードをスムーズにコントロールし、メインラインに引き継いでいく。また、上の図のようにルアーのキャスティングでもスペーサーシステムを組むことがある。

・ルアーの泳層をコントロールするため

かなり特殊な例だが、ルアーの泳ぐ深さをコントロールするためにリーダーを使う場合がある。これは故本山博之氏から聞いた話だ。20年程前に本山氏はスモールマウスバスの釣り方で、ワームを表層付近で泳がせる釣り方を研究していた。そのワームは非常に軽いのでキャストしたときに飛距離が出ないのが難点だった。そこでどうにか飛距離を伸ばそうと、当時やっと出始めた0・4号の極細PEラインを導入したそうだ。強度や飛距離は満足いくものだったが、問題が1つ出てきたという。それは、PEラインの比重が小さく浮いてしまうために、ルアーを引くレンジが浅くなってしまうということだ。そこで本山氏は比重の大きいフロロのリーダーを付け、その長さや太さでレンジコントロールをしているということだった。私は今でもこの釣りをするときには、このシステムを真似している。

このように、リーダーを使用する目的は様々である。冒頭で「PEラインの1号には何ポンドのリーダーを使えばいいんですか？」という質問には簡単に答えられないことをご理解いただけただろうか。

新素材（既に死語？）といわれるPEラインが出現する以前からリーダーというシステムは存在したが、モノフィラメントしか存在しなかった時代には、ラインは太さ＝強度という比較的単純な発想でシステムを考えればよかった。ところがPEラインが出現して以来その考えは通用しなくなりはるかに複雑になった。PEラインが一般的に使用されるようになってから、まだ30年くらいしか経っていないので、リーダーを含めたラインシステムも、日進月歩で次々と新しい発想が出現してくる。

私もマグロ釣りを始めてから試行錯誤しながら数回リーダーシステムを変更したが、完全に満足できるシステムに到達できたわけではない。もっとよい方法がないかという探求は現在進行形だ。リーダーを含めたラインシステムもあれやこれやと考えるのは、これもまた釣りの楽しみの一つかもしれない。

ノットの話

どんなによいロッドやリールそしてラインを使ったとしても、ノット（結節）がきちんとできていなければ宝の持ち腐れである。

ある時、JB TOP50メンバーだったこともあるJBマスターズ参戦中の若いバスプロがこんなことを言ってきた。

「柏瀬さん。A社の○○ラインは弱いんですかね？　この前の大会でいい魚を掛けたんですが2本とも切られちゃったんですよ。劣化してるんですかねー」

「通常店頭に置いてあるくらいでは劣化しないと思うよ。直射日光が常に当たっていたりすれば別だけれど。テスターで強度を測ってやるから持ってきてみな」

ということでテスターといってもただのバネはかりだがラインの強度を測ってみた。例えば4lbのラインの引っ張り強度は1・8kgf前後である。何度か測ると、やはりラインの強度は1・8kgf前後あった。そこで「お前、結びがダメなんじゃねーの」と言うと、口をとがらせて「そんなことないですよ！　ちゃんとパロマーノットで結んでますよ！」と言う。「じゃー、結節強度を測ってやるから結んでみな」と、フックにラインを結ばせて、結節強度を測ってみた。するとどうだろう。結節強度は50％も出ていない。「あれっ、あれっ、おかしいなー。パロマーノットってこれで間違いないですよね」と言いながら、何度やっても結節強度は50％前後しか出ない。

確かにパロマーノットは100％近い結節強度が出るといわれているが、それは「完璧にできれば100％近い強度が出る」ということで、ただ単に手順をマニュアルどおりにやればその強度が出るわけではない。どんなノットでもちょっとした加減で結節強度は大きく変わってしまう。結節強度を高めるには、注意しながら何度も結んで強度を測定する。何十回もテストするとそれぞれのノットの勘所（コツ）が見えてくる。そうして、常に安定して結節強度が出るように、何度も練習して体に覚え込ませる。特にFGノットやPRノットなどのほとんど特殊技術といってよい複雑なノットは強度のバラつきが出やすい。FGノットが常にちゃんとできる人はどれくらいいるのだろうか。

実際に自分の結んだノットの結節強度が何パーセント出ているのか自信を持って答えられる人はほとんどいないと思う。私は、FGノットなどは釣りに行かないときでも定期的

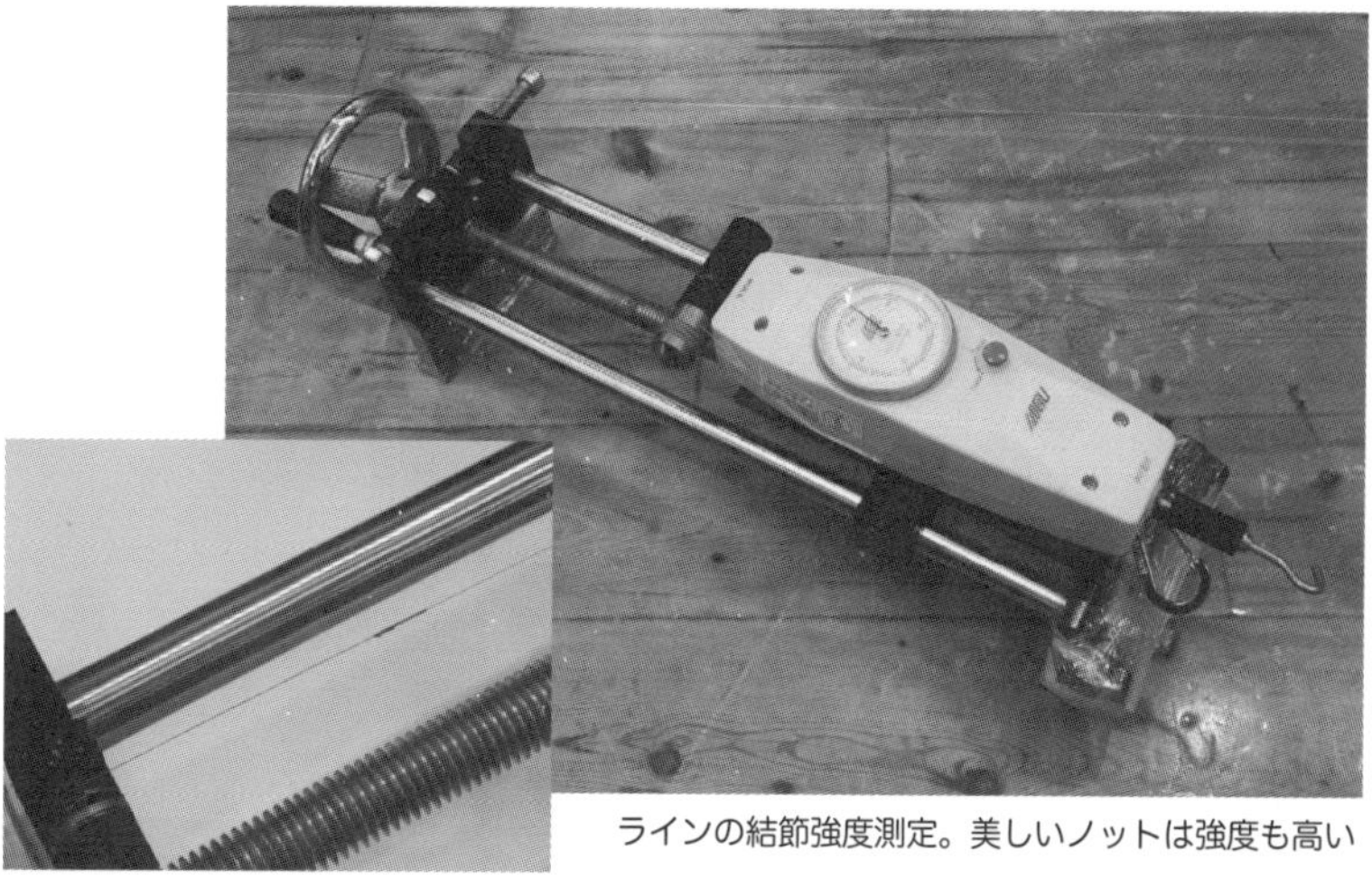

ラインの結節強度測定。美しいノットは強度も高い

に結んで強度テストをして、自分の技術が落ちていないかを確認している。

どんなノットをするにしても、注意しなくてはいけないのは、締め込み時に発生する摩擦熱だ。ラインはナイロンやポリエチレンなどの化学繊維でできている。これらは、直線引っ張り強度は驚くほど強いが、熱にはとても弱い。ラインが規定の強度以下で切れる時の多くはこの摩擦熱によるところが大きい。ラインを結ぶときに発生する摩擦熱による影響を防ぐには、「ゆっくりと締め込む」「唾《つば》や水をつける」「潤滑剤（シリコンオイル）を付ける」などがある。ナイロンやフロロを結んだときに、ノットの端がチリチリやヨレヨレになっている場合は、ラインが熱の影響を受けている証である。

7章　そのほかの話

安全意識・釣りの装備と釣り道具は日進月歩。新しいものの登場を否定するのは釣りの世界、楽しみを自ら狭めることにもつながる

タックルバランスの話―釣り人自身もタックルの一部

ここまでフックに始まりリーダーまで、それぞれのタックルの話を書いてきた。これらはどれも単体では機能せず、全てが1つになって釣りが成り立つのは当然のことだ。しかし、ついつい一つ一つのことばかりに目がいってしまい、なかなか全体を見渡すまでには至らない。「木を見て森を見ず」というやつだ。

前にも書いたが、どんなによいリールや強いサオを丈夫なラインで使用しても、ノットの結節強度がでていなければそこから切れてしまうだろうし、どんなに優秀なルアーを使ってもハリ先が甘ければ魚は掛からない。要はトータルバランスが大事なのだ。

様々な努力を費やしても、たった1つの弱点により夢を取り逃すこととなるのだ。

現在私は、自分より大きなマグロを狙っていることは既に書いたが、過去に何回か目的とする魚を釣りあげるチャンスはあった。キャストしたルアーを追ってきたり、バイトまで至ること、さらにはフックアップまでして数秒間のファイトをしたりである。追ってきたがバイトに至らなかった、バイトしたがフックアップしなかった、フックアップしたが掛かりどころが悪くてフックアウトしてしまった、などは仕方のないことで、私の責任ではない。しかし、フックが伸ばされてしまった、リングが伸ばされてしまった、さらには、ノット部からリーダーがすっぽ抜けてしまったとしたら、それは防げたことかもしれない。大切なのは使っているタックルそれぞれの特性と限界値を事前に把握しておかないと、それがどんなに高性能でもパフォーマンスをフルに発揮できない。さらにビッグゲームなどでは忘れてはならないことは、釣り人自身もまたタックルの一部であるということだ。どんなに強力なタックルを使用したとしても、タックルが壊れる前に釣り人がギブアップとなってしまう。ビッグゲームに限らず、どんなに高性能なタックルを手に入れても、それを扱う釣り人の技量が伴わなければ意味がない。スーパーカーを手に入れても、ドライバーがへたくそでは速く走らせることができないのと同じことである。

私も、マグロにチャレンジする前に、この腹を引っ込めなければいけないのかもしれない。

ウエア・安全装備の話

釣りは野外の水辺の遊びなので、常に過酷な自然環境や危険とも隣り合わせである。装備を軽んじると、苦しい思い出や怪我や最悪の場合命を落とすことになるかもしれない。ところが、ルアーやロッドやリールには大金を払うことに迷わないが、なくても釣りはできるし、他人からの羨望《せんぼう》も受けられないレインウエアや防寒着、安全装備にはついつい財布の紐《ひも》が固くなってしまう。

釣りをする上で、一番気を遣いお金を掛けるべきなのは、ウエアや安全装備なのではないだろうか。そんなことは、当然のことなのだが、釣りの世界では少し気になることがある。

今でこそ、釣りはだいぶスマートになってきたが、釣りものによっては、まだ安全装備などに関しては「軟弱である」というような体育会系の雰囲気が根強く残っている気がする。私も体育会系のノリは嫌いではないが、安全面に関してはそんな雰囲気に同意できない部分がある。オカッパリでもライフジャケット着用が当たり前になりつつあり、防波堤などでライフジャケットを着用していても奇異な目で見られたりバカにされることはなくなった。しかしオフショアゲームなどでは、未だに捻《ねじ》りハチマキにTシャツ短パンにギョサンがカッコいいと思っている釣り人が幅を利かせている場面に遭遇することがある。

私のマグロ釣りの装備。ライフジャケットの中には、万が一、携帯の電波が届かない海域で事故が起こっても、衛星（イリジウム）と通信してSOS信号を出せる緊急通信デバイスを入れている

私の、オフショアのマグロ釣りの装備を紹介しよう。この格好で船に乗ると奇異の目で見られるし、失笑やヒソヒソ話が聞こえてくる。

船長からは「本当はライジャケだけでなく、あんたみたいにみんなヘルメットを被ってくれるといいんだけどね。結構頭にルアー引っ掛けちゃったり、ころんで、頭をぶつけて血を出しちゃう人もいるんだよ。でも、あんまりうるさく言うと客が来なくなっちゃうからね」と言われる。

全員に「ヘルメット被れ！」と言うつもりはないが、安全対策をしている人を馬鹿にするような風潮だけはどうにかしたいと思っている。

話は少し逸れてしまうがいつも疑問に思っていることがある。それは釣り場でのトイレの問題だ。小学生の頃は、何故だか釣りに行くといつも便意（大）を覚えた。今のようにコンビニがある時代ではなかったし、生理現象であるこればかりは我慢の限界がある。となれば、自然の大地に放出して自然分解に任せるしか手段がない。そう野糞《のぐそ》である。私は、何回野糞をしたであろうか。野糞の達人といっても過言ではないだろう。

さすがに大人になってからは、最後に野糞をしたのがいつであったのかの記憶がないほど、「それ」をする機会がなくなったが、再びいつその機会が訪れるのかは分からない。

大自然を相手にする遊びである登山やキャンプを始めようと「登山入門」や「野営入門」等の指南書を購入すると、巻末のほうに、「その」お作法が書いてある。しかし、私は「釣り入門」に、「その」お作法が書いてあるのを見たことがない。メディアでも「その」ことについて説明しているのは見たことも聞いたこともない。何人も避けて通れない重大な問題なのに、まるで「それ」は口にしてはいけないタブーのようにだ。と書いていたら、本書の編集者から「昔々、弊社の『渓流』に書いてあったような記憶があります」と言われた。さすが「つり人社！」とほめてゴマをすっておこう。

実は、各地の堤防や漁港などの釣り場が閉鎖や釣り禁止となる大きな理由としてこのトイレ問題がある。釣り場の問題に関して管理者にアンケートをとると、トイレ問題が上位にくる。冗談ではなく深刻な問題なのである。

迷惑駐車やゴミの問題はある程度は受忍の範囲内かもしれないが、毎日のように「家の前」や「自分の船の中」「仕事場である堤防」に野糞がしてあったとしたら我慢ならないであろう。たとえるなら、あなたが出勤しようと家の駐車場に停めてある愛車に乗り込もうとしたら、ボンネットに野糞がしてあるようなものだ。それも毎日のように。あなたはそれを許せるであろうか。

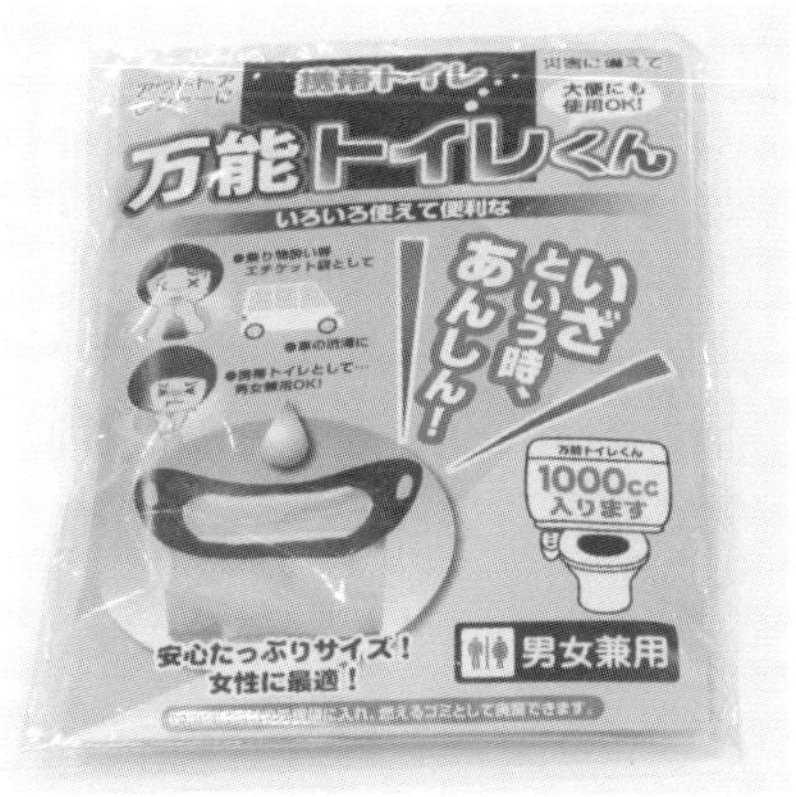

携帯トイレ。かさばらないのでぜひお持ちになることをおススメする

私は、前出のヘルメットと同様に、釣行時の「携帯トイレ」の携行を推進している。排便は生理現象でしょうがないことで、誰にでもトイレのない釣り場で便意をもよおす可能性はある。そんなときには、携帯トイレに排便して、ゴミと同様に持ち帰って処分する。そんな行為が馬鹿にされることなくリスペクトされる時代が来ることを願っている。

余談となるが、このトイレ問題について私の加盟する（公財）日本釣振興会の理事会において、「全国の釣具屋の店頭に携帯トイレを置いて、ゴミ持ち帰り運動と同様にウンコ持ち帰り運動を推進したらどうか」と提案したことがある。その時には理事の皆さんからはあまりよい反応を頂けなかったが、後日とある大手釣具チェーンの社長から「柏瀬さん、先日のお話、とてもいいと思いました。携帯トイレはどこで手に入るんですか。うちの全店のレジ前に置きたいと思います」と連絡を頂いた。また、ヘルメットの話も私がこんな話をしたからかどうか分からないが、とある大手メーカーは釣り用ヘルメットを商品化してくれた（現在は廃番か?）。ここでは店舗やメーカーの名前は出さないが探してみてほしい。

釣りの変化について—次々と出てくる新技術

釣りの進歩は日進月歩で、新しい道具や今までになかったテクニックやコンセプトも次から次へと出てくる。

道具の進化でいえば、前に書いたPEラインなどはその代表であろう。30年程前までは一般的ではなかったこの新素材のラインが、今では釣りをすっかり変えてしまったといっても過言ではない。

また、ベイトキャスティングリールにはコンピューターが搭載され、今まではアナログブレーキでは不可能といわれていた無駄ブレーキ（ブレーキはバックラッシュを防ぐのみに利いてくれればよいが、それ以外にも無駄に利いてしまい飛距離のエネルギーをロスしてしまっていた）を極力なくすことに成功し、誰でも簡単に大幅に飛距離を伸ばせるようになった。そのうちＡＩ技術も搭載され、使い手一人一人のキャスティング時のクセを学習し、より優れたものになっていくだろう。

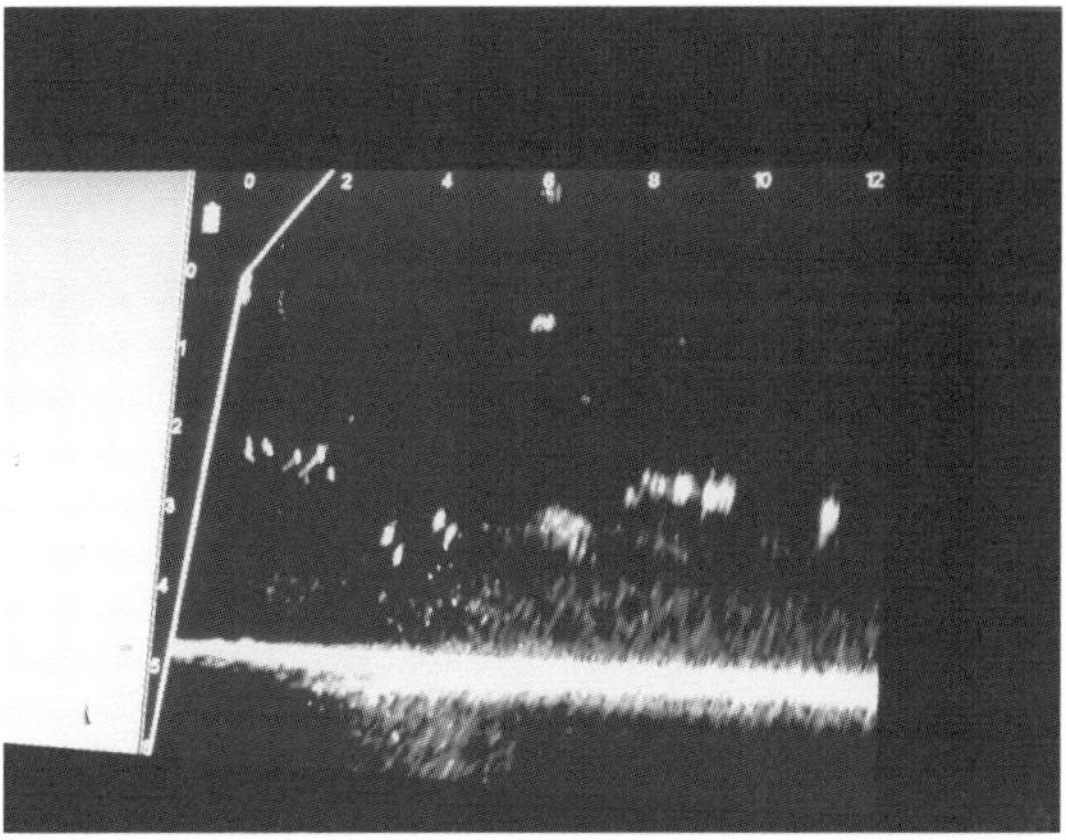

ライブ機能付きの魚群探知機のモニター図。技術の進歩により、水中のようすが手に取るように分かるようになった

また、最近大きな話題となっているものがある。まだまだ一般には高嶺の花ではあるが魚群探知機に「ライブ」という技術が登場した。魚群探知機は、2次元表示するものから、20年くらい前から3次元表示するものが登場し、この時も驚いたが、ついには水中の様子を、ボートが止まっていてもリアルタイム（ライブ）表示できるようにまでなった。

私たちの「深い水中が見えたらいいのにな」という夢が現実になったのである。

実は、新しもの好きの私もこのライブ魚探を入手して使用してみた。今までの魚探では、スクリーンに魚影らしきものが映ったとしても、それが本当に魚なのか、また、ターゲットの魚種であるのかなどは経験に頼らねばならなかった。しかし、ライブであれば実際の魚の形や泳ぎ回る姿、さらには、投入したルアーや仕掛けまで映し出す。このライブ魚探の出現は本当に画期的であり、トップトーナメントでは、ライブ魚探がなければ勝負にならないというところまできて賛否を呼んでいる。魚を釣る目的以外に、魚の新たな生態が解明されて今までの釣り自体が大きく変わってしまうかもしれない。

もう1つ私が手に入れた最新器機ではGPS搭載エレキ（電動船外機）がある。これは、エレキにGPSを搭載しており現在の位置情報を衛星から取得できる。そして、「スポットロック」ボタンを押すと、向きやパワーを自動制御しその場所に自動で留まってくれるのだ。今までであれば、風や流れがある状況でボートを1箇所に留めようとするならば、アンカーを打つか、釣り人がエレキを常に微妙に操作し続けるしかなかった。そんな労力がボタン1つで解消してしまう時代となったのだ。

テクニックやコンセプトに関していうと、代表的なものでは、常吉リグ（ダウンショットリグ・ドロップショットリグ）や、近年であればトラウトルアー釣り堀のボトムスプーンや、アユをルアーで釣るアユイングなどであろうか。

常吉リグなどは画期的なリグで、今では使わない人はいないほどメジャーになっているが、それを村上晴彦氏が発表したときは「あんなものルアーフィッシングじゃない」「邪道だ」などと相当にネガティブな意見が多かったように思う。

トラウトルアー釣り堀のボトムスプーンが出現したときには、それまではスプーンは引き続けて泳がせていないとマスは釣れないものといった既成概念を打ち砕き、底にある小さな金属スプーンをマスが拾い食いするのを見て驚いた。

しかし、これも同様に「邪道だ」「セコ釣りだ」と否定する声は今も絶えない。アユイング（リールとアユルアーを使ったルアー釣り）なども、今の時代にマッチした手軽な釣りでよいと思うが、否定する声は少なくない。

ここで考えてほしいのは、科学技術や時代の流れは止められないのである。釣りに関していえば、ルール（一般の法令や漁業法や遊漁規則など）を犯したり、他人に迷惑をかけない限りは自由であるべきだと思う。そもそも、ＰＥラインを使おうが、ライブ魚探を使おうが、禁止されていない釣り堀でボトムスプーンを使おうが、遊漁規則で禁止されていない漁場でアユイングをしようが自由である。新たな科学技術やテニックやコンセプトを否定することは釣りの進化を否定することのように思える。ライブ魚探を否定する人も、通常の魚探は使うし、リールもＰＥラインも使うのである。２㎝以下のルアーはセコ釣りだという人も３㎝のスプーンは使うのだ。

新しいものを否定するのは、今まで自分がしてきた釣りのコンセプトを否定され自尊心が傷つけられるからなのか、自分より新しいコンセプトで釣りをする人がたくさん釣ることに対してのひがみ、やっかみのように見える。

釣りは個人の遊びなので、他人の釣果などはどうでもよいことではないだろうか。いかに、自分にとって楽しく満足できる一日を過ごせたかが大切であると思う。

8章

ちょっと耳ざわりな話

釣りは「魚がいて」「釣り場があって」「社会的容認があって」初めて成り立つ遊び。これらの要素が1つでも失われれば釣りはできない

釣りの目的は、当然のことながら魚をいかにたくさん釣りあげるかである。

その目的を達成するために、先人の釣りバカ達も現代の釣りバカ達も知恵を絞り試行錯誤し、新たな釣り道具とテクニックを開発してきた。それが釣りの進化であり、釣りの文化であろう。

釣りの文化が深化していくにつれて釣りに対する価値観も「魚をいかにたくさん釣りあげるか」だけに留まらず、多様化してきた。読者の皆さんが、そんな釣り道具の進化や価値の多様性を知ることにより「釣りがもっと深く楽しく」なればよいと願いながら筆を進めたつもりである。

ここまでは釣り道具のことを中心に書いてきたが、釣りの目的を達成するためには、ほかにも大切なことがある。

最後にそのことについて少し書こうと思う。

釣りは「魚がいて」「釣り場があって」「社会的容認があって」初めて成り立つ。この３つを私は「釣りの３要素」と呼んでいる。しかし、昨今は「環境の変化で魚が少なくなり」「マナー問題等で立ち入り禁止の場所が増え」「野生動物を対象とするブラッドスポーツに関しては社会の目が厳しくなっている」。

どんなに素晴らしい道具があっても、どんなに釣りの技術を磨いたとしても、釣りの３要素どれか１つでも失われれば釣りは成り立たないのだ。

現代の釣りも、この３要素が一番重視されなければならないはずである。しかし、こういった話はどちらかといえば耳ざわりで、直接お金儲《もう》けにつながることでもないので情報や話題に上ることは少ないように思う。様々なメディアを見ても、真っ先に来るのは釣り道具の情報やテクニックの話が多いように感じる。

確かに釣りは、釣れないよりも釣れたほうが楽しいのは間違いないし、それらに興味がいくのは当然である。しかし、よく考えてほしい。私たち釣り人は魚がたくさん釣りたいだけで釣りをしているのであろうか。釣りの価値観についても「魚をたくさん釣る釣り人が偉くてかっこいい」のであろうか。

魚がたくさん欲しければ魚屋で買ったほうがはるかにコストパフォーマンスがいいし、バスを釣りたければ活きエサを使えばルアーを使うよりはるかに簡単にたくさん釣れるだろう。それなのになぜ多くの釣り人があえてコスパの悪いルアーフィッシングという茨《いばら》の道を選ぶのか。

私のマグロ釣りに関しても、おそらくこの5年間で、50日以上沖に出て、500万円以上コストを掛けても1尾の成果もない。そんな私を、妻は「500万円あれば大きなマグロが何匹買えるかしら？」「何回、最高のマグロをよいお寿司屋さんでおなかいっぱい食べられるかしら？」といつもからかう。そんな妻に私は、「オレはマグロを釣りたいわけじゃないんだよ！　オレは夢とロマンを釣りたいんだ！　夢とロマンはプライスレスだ！」と負け惜しみを言う。妻はあきれて笑って怒りもしない。

この言葉は、半分冗談で、半分本気だ。マグロを釣りたいだけであれば、5年間もこの情熱は続かなかったであろう。この情熱が今でも続いて、心が折れてしまうどころかますます熱くなっているのは、やはり私はマグロを釣りたいだけではなく夢とロマンもあわせて釣りあげたいのだと再確認している。

釣りは己と向き合う趣味である。自分が釣りという行為を通じてどれだけ幸福になれるかということが重要である。それは人生と同じく他人と比較しても意味がないことは前にも書いた。

釣果や釣り道具という「小さな物差し」だけで釣りの価値を計るのではなく、それを取り巻く様々なことを知り、釣りをもっと「大きな物差し」で計ることによって、「釣りがもっと深く楽しく」なるのではないだろうか。

その手がかりとして、以下に、２０１４年末から上毛新聞のオピニオン21委員として1年間連載した記事を載せておきます。この記事は、釣りをしない人に向けて書いた記事で、釣りにどっぷりはまっている私たちが、釣りというものを俯瞰《ふかん》して考える手がかりとなるのではないかと思う。

01　はじめに

私は、釣りというものに出会えて、本当に「釣りはすばらしい」と思うが、それを他人に強要するつもりはない。出来ることなら、釣り人が増えないほうが、釣り場が混雑しないし、貴重な獲物の取り分が増えるとすら思えるほどだ。しかし、このすばらしい釣りというものを「やってみたい！」という人の邪魔をするつもりもない。

私は、生業の釣具屋のほかに、（公財）日本釣振興会【以下：日釣振】の常任理事（群馬県支部長）として、釣り振興の仕事もしている（日釣振からは、報酬はもらっていない）。釣り人としての本心は、「釣りはマイナーだからこそおもしろい！」と思っているのだが、どうも昨今の風潮として、マイノリティはいじめられてしまうようだ。釣りに対する逆風を、様々な場面で感じることが多くなった。このままいくと、釣りが出来なくなりはしないが、何だか、かなり肩身の狭いつまらないものになってしまいそうな予感がする。私の愛する釣りを、この先も気持ちよく続けるためにも、また、生業の釣具屋を続けていくためにも、「釣りの社会的地位向上」は必要だと思ってる。そんな訳で、釣具屋と日釣振の二足のわらじを履いている次第なのです。

釣りという趣味は、他の趣味とはちょっと違う。というのは、釣りは、「公共の場所で行なう行為である」、「漁業権を持つ漁業者と同じ場所で同じ獲物を狙う行為である」、「漁業法や遊漁規則といった、法的根拠のあるルールにしばられる行為である」ということだ。ちょっと分かりづらいかもしれないが、釣りは、他の趣味とはちょっと違うということが、社会一般にも、当の釣り人にも理解されていないことが、様々な不幸を引き起こしている。私が、オピニオン21を引き受けたのは、釣りというものを、より多くの人に知ってもらいたいという思いからである。

02 自然の魚は誰のもの

「海や川にいる自然の魚は誰のものか?」。私が、釣りに関して話をさせてもらう機会がある時には、まず、この問いかけをする。大抵は、「国民みんなのもの」や「国のもの」という答えが返ってくる。この答えの感覚は、至極当然であると思う。

しかし、正解は「誰のものでもない」である。「国民みんなのもの」と「誰のものでもない」は、一見、それほどの違いがないように思えるが、「誰かのもの」と「誰のものでもない」とでは、大きく違うのである。

日本では、自然の野生動物は、無主物《むしゅぶつ》(=所有者のない動産=誰のものでもない)とされ、所有の意思をもって占有することによって所有権を取得することができる。これを無主物先占《せんせん》という。簡単にいうと、海や川の魚は、誰のものでもないので、早い者勝ちで、採った人のものであるということだ。

しかしながら、このような考え方は、現代社会においてはナイーブな感覚(不公平感や嫉妬《しっと》心、自然保護意識等)から、あまり馴染まないように思える。釣りの対象である自然界の魚の位置づけにおいても、一般的な感覚からは相当の隔《へだ》たりがある。そんなことから、「釣り人は、フリーライド(ただ乗り=費用を出さず利益を得る)だ!」と言われてしまうのかもしれない。

今でこそ、食糧の重要性や、その由来を意識することは希薄になったが、古代（農耕が開発される以前）の人々にとっては、狩猟と採集【釣り】により、食料【無主物】を手に入れること【先占】が、命をつなぐための最重要事項であったに違いない。この無主物先占という考え方は、古代の人々の狩猟と採集という生活様式に根ざすものであるように思う。さらには、人間の根本である生命権を担保するために、今もなお残っているのかもしれない。

しかし、単に「早い者勝ち、採った者勝ち」となれば、そこには様々なトラブルが起こる。古代であれば、獲物の取り合いや、漁場の縄張り争いで、殺し合いがあったかもしれない。そのような紛争を、調整し回避するための英知の成果として、制度や法律がある。釣りでいえば、漁業権や漁業法等である。ゆえに、釣りは、法的根拠に基づいた制度や法律に縛《しば》られる部分が存在し、それを避けては通れない。ほとんどの趣味といわれるもので、ルールを逸脱したところで、逮捕されてしまうようなことはないが、釣りは違う。たとえば、群馬県内の水域（管理釣り場を除く）で1月にヤマメを釣ったならば、それは県の漁業調整規則違反で、逮捕されてしまうこともあるのだ。

もしかしたら、釣りという行為は、単に趣味というには軽々しい、生存権と隣り合わせの結構シビアなものなのかもしれない。

前回、「釣りに対して、社会からの逆風を感じる」と書いた。そこで「釣りは、生命権に基づく、無主物の自由採捕の原則による権利だ！」などと叫んだところで、今の一般社会から同意が得られるとも思えないのだ。

それでも、自他共に認めるロマンチストである（中二病ともいわれている）私は、「釣りイトの先には、古代からの人々のドラマと英知とロマンが繋《つな》がっているのだ！」などと戯言を言いながら、今日も釣りイトを垂れるのである。

03 遊漁料は何の費用？

むかし、同業者と六本木のキャバクラに行った時の話だが、つまみのピーナッツを3粒食べて、烏龍茶を1杯、1時間くらいお姉さんと話をしただけで5万円とられた（私は、キャバクラは嫌いではないが、酒は飲まない）。その時、私は心の中で「ふざけるな！」と叫んだが、おとなしく5万円を支払い店を出た。

私たちの生活の中で、料金を払ったのに、それに見合ったサービスが受けられなければ、怒るのは当たり前である。川や湖で、漁業協同組合（以下：漁協）が管轄《かんかつ》する水域で釣りをする場合、入漁料（＝遊漁料＝釣券＝鑑札）を漁協に払わなければならないことをご存じだろうか。そして、釣り場では、よくこんな光景を目にする。

漁協の監視員「釣券持ってますかー？」

釣り人「持ってねーよ。でも、なんで全然釣れねーのに、金をはらわなくっちゃいけねーんだよ！」。

サービスを受けられない（＝釣れない）のだから、料金を払わないという理屈は一見当然のようにも思える。しかし、入漁料については、この釣り人の理屈は間違いである。ほとんどの川や湖（＝内水面）は、漁協（漁業権者）に漁業権（第5種共同漁業権）が免許されている。この漁業権とは、その水域の漁業権魚種を排他的（＝漁業組合員以外を退け、優先的に）に採ることの出来る権利である。すなわち、一般の釣り人が漁業権魚種を釣る（採る）ということは、漁業権侵害ということなのだ。しかしながら、河川湖沼の公共的性格により、漁協が一般の魚釣りについて、一方的に制限を加え、実質的に不能とすることは妥当ではないため、漁協は「遊漁規則」を定め「遊漁料」を徴収することによって、一般の魚釣りによる権利侵害を受忍している。

このように、釣り人が支払う遊漁料は、釣れる魚の対価ではなく、権利侵害に対する受忍料（＝権利侵害を耐え忍んで目をつぶるからお金を払えということ）の性格を有しており、釣れようが釣れまいが、釣りという行為を行なえば、払わなければならないものなのだ（実態としては、恐らく漁協も受忍料などといった感覚はなく「漁協もお金をかけて放流しているのだから、遊漁料を払ってね」のような感じであると思う。また、内水面漁協の構成員のほとんどは、釣り人である）。この漁業権については、前回少し触れたように、公共用水面の秩序維持と漁業者の生業を保護するためのものだ。しかし、生業としての漁業がほぼなくなってしまった内水面において、「公共の場所で、一部特定の者に排他的な権利を与える」ということは、何となく不公平感がある。また、「釣りは権利侵害で、入漁料はその受忍料である」と言われても、これまた一般の感覚からはピンと来ない（今の制度が良いとか悪いと言っているわけではない）。「他人の権利を侵害し、受忍料を払ってまで、釣りなんかしたくねーよ」と居心地の悪さを感じつつ、釣りはやめられないのである。

04 釣りは野蛮な遊びか

とあるご婦人と話をしていて趣味の話になり、「趣味は魚釣りです」と答えたら、「ずいぶん野蛮なご趣味ですね」と嫌みを言われたことがある。うむ、確かに、釣りは、魚の命や血、寒さや暑さ、ミミズ、ウジ虫、イモ虫、生臭さやネバネバやヌルヌルと関わる行為である。また、キャッチアンドリリース（釣りあげた魚をまた水に戻す行為）やゲームフィッシングなどは、「それって、動物虐待じゃないの」と言われたこともある。うむ、確かに、イトの先に付いているのが魚であるからまだしも、それが、犬や猫であったならば、とんでもないことである。

そう考えてみると、日本の現代社会においては「釣りは相当に野蛮な行為」なのかもしれない。では、なぜに私は、人生を変えてしまうほどに、強く、こんな野蛮な行為に惹《ひ》かれるのか、ということを考えることがある。そして、それは、私のＤＮＡに刻み込まれた、動物としての狩猟本能による欲求を満たす行為が、釣りであるからではないかという答えに行き着く。ご婦人の言うように、本能による欲求を抑えきれない私は、やはり野蛮なのかもしれないが……。

話はそれるが、ミッドライフクライシス（中年の危機）という言葉をご存じだろうか。人（特に男性）は40歳頃になると、精神的、肉体的に衰えを感じ始める。そんな中、若い頃には見えていなかった問題や欲求に直面し、今までの人生に疑問を持ち、様々な具合の悪いこと（鬱《うつ》になる、浮気に走る、会社を辞めてしまい起業するなど）になってしまうことをいうそうだ。確かに、私と同年代の知り合いにも、思い当たる人が少なからずいる。しかし、恐らく人間以外の動物は「人生の意味」など考えもしないのであろう。

人が他の動物と違うところは、この「人生の意味」などを考える巨大化した大脳新皮質（＝理性）があることだろう。しかし、皮肉なもので、この「理性」と「本能」との葛藤が、人としての苦しみであるともいえるのではないだろうか。人は、人である以前に動物である。ただ単に命をつなぎ、自らの遺伝子を後生につないでいくために「本能」が備わっていて、その欲求に抗うことは凡人には難しい。現代社会において、この「理性」と「本能」のバランスを上手くとることはなかなか大変なことだ。特に、「本能」によるところの欲求を無闇やたらに解放することは、冒頭に書いたように「野蛮である」などと言われ、あまり善しとされない。私が、ミッドライフクライシスに陥らず、また、社会的批判を受けるような行動に走らず、それなりに社会生活を送れているのは、「釣り」に出会え、上手く本能による欲求を解放できているからではないかと思えるのだ。

ということで「釣りは、とても息苦しい現代社会における、都合のよいリビドーの解放行為である」などと釣りを無理矢理肯定してみるのだ。

05　釣りはマイノリティ？

私はハゲている。別にハゲていても通常の生活には何の支障もない。床屋代もかからないし洗髪？の時には石けんや湯の量も少なくて済むので「オレってエコ！」などと思っている。そして私はタバコを吸う。体調はすこぶるよいし、吸わない人には迷惑のかからないように時と場所を選んで、気を遣って喫煙しているが、タバコをやめようなどとは思わない。さらに、私も年相応に腹が出てきて、メタボといわれる状態かもしれない。困ったことといったら、少し女性にもてなくなったくらいで、どうといったこともない。しかし、テレビやメディアでは「お医者さんに相談だ♪」「禁煙外来」「メタボ健診」などと、世間はハゲや喫煙、メタボを許してはくれないようだ。

そして、私は釣りをする。どうやらそれも世間は許してくれなくなりそうな風向きだ。どうも最近の風潮として、マイノリティ（少数派）は、悪者としていじめられてしまうようだ。マイノリティは、多数決では当然かなわないので、民主主義社会では、その権利を認めてもらうのは難しい。また、マジョリティ（多数派）に自分が属している限りは、正義であるから気分がいい。さらにマイノリティに対して、「正義の拳」を振り回すのはなおさら気分がいいのでマイノリティの肩身は狭くなる一方である。私は酒を飲まないから、酒による悲劇（暴力、殺人、飲酒運転事故、健康被害など）をなくすために、酒は法律で禁止にしたほうがよいなどと負け惜しみを冗談で言ってみたりするのだが、マジョリティである飲酒につては、それを禁止にしようといった意見は聞こえてこない。

また、公権力による国民に対する「おためごかし」（表面は人のためにするように見せかけて、実は自分の利益を図ること）も目に余るところがある。「国民の健康のため」「国民の安全のため」「日本の環境のため」などと言われると、反論するには勇気がいるが、どこまで本音なのだろうか。「あなたのために言ってるのよ！」と言われて、本当に私のためであったことは、親の言葉以外は思い当たらない。そして、マイノリティを悪者にすることと、公権力の「おためごかし」がマッチするとそこには新たな利権が生まれる。「ハゲや喫煙、メタボをなくそう！」という大合唱の陰から、誰かがお金を数える音が聞こえてくるようだ。私は、マイノリティであれ、マジョリティであれ、それが理解できなかったとしても、個人的な自由を最大限に認めるべきであると思う。そのためにも公権力による規制は最小限にとどめるべきと考える。マイナーな釣り関する問題に、長く深く関わりすぎたために、そんなふうに感じるのであろうか。こういうマイノリティの意見を公の場で発言すると、またひどくバッシングされてしまうので、人目をはばかりおとなしく釣りでもしていようか……。

06 アメリカと日本の釣りの社会的地位

さて、今回は海外の釣り事情に目を向けてみよう。
私のお店では、大きなテレビで、終始釣り番組（BS釣りビジョン）が流れている。ある日、アメリカのブラックバス釣り大会の最終戦の模様が映し出されていた。アメリカでは、ブラックバス釣りの大きな大会がいくつもあって、さながら野球やサッカーのように、ブラックバス釣りのプロ選手がいる。最大の大会の優勝賞金は約６０００万円！年間最優秀選手が決まる最終戦では、東京ドームよりはるかに大きなスタジアムで、釣ってきた魚の検量ショーが大々的に行なわれる。何万人もの観衆が詰めかけて、その模様はテレビ中継され大いに盛り上がる。もしも、この大会で優勝することが出来たなら、イチローや本田圭佑のように、その名声で一生食べいけると言われているほど釣りはメジャーなスポーツだ。

日本でも、ブラックバス釣りのプロ大会は存在するが、それを知る人は少ないだろう。また、バスプロといわれる人も、釣りだけで生計を立てることは難しい。私のお店にも、有名バスプロになることを夢見る若い従業員がいる。先ほどの番組を見ながら、彼に「アメリカでは、何でこんなにも釣りが盛り上がるのか分かるか？」と問うてみた。彼は「アメリカ人は釣りが好きだからじゃないですかね〜」と答えた。確かに、国民性や環境の違いもあるかもしれないが、それだけではない。アメリカでは、「釣りの振興」を図ることが国策になっている。それが証拠に、歴代大統領はパフォーマンスとしてカメラの前で釣りをし、先ほどのブラックバスの大会の最終戦には、海兵隊のブラスバンドがイベントを盛り上げる。アメリカでは、魚類を含む野生生物は公益信託主義にもとづいて、米国国民のために政府が管理するものとされている。そして、その管理財源は釣り人からの免許料（ライセンス）と釣具関連税（DJ法）により賄《まかな》われている。つまり、アメリカの水産資源の維持管理は釣り人がある程度いないことには成り立たないのだ。ということから、アメリカでは、釣り人が釣りをすることは、公益にかなうことであり、「善」であるのだ。

一方、日本の釣り事情に目を向けてみると、今まで書いてきたように、釣りに対する社会からの風当たりは年々厳しさを増しているように感じる。そして、釣りの位置づけにおいては、漁業法のどこにも「釣り」という文字すら書いていない。正に釣りはアウトローである。しかし、現在の日本の内水面の魚族資源管理は、これも以前書いたように、実質の管理は漁協であるが、その収入のほとんどは、釣り人から徴収する入漁料であり、漁協が魚を放流する経費も入漁料収入でまかなわれている。制度は違えども、実態として、日本の内水面の魚族資源もアメリカと同様、釣り人が釣りをすることで支払うお金で維持されているといえる。

しかし、制度が違うだけで、アメリカと日本ではこれほどまでに釣り人の社会的地位が違うものなのであろうか。そして、日本の釣り人全員が「釣りをやめた！」となったらどうなるのだろうか。

07 釣り人が水辺環境を守る未来像

最後は、私が考える釣りの未来について書きたいと思う。

今まで脱線しつつも、釣りの様々な問題を書いてきた。その大きな要因は、自然環境や社会構造は大きく変化しているのに、釣りの制度や、係わる人々の考えがその変化に対応できていないところにあると感じる。

残念なことだが「小鮒釣りし彼の川」は、今は三面護岸の水路になってしまったのだ。釣りは、「無主物の自由採捕」の原則はあれど、制度に縛られることは以前書いたとおりだ。しかし、その制度の大本である漁業法は、昭和24年（66年前）にできてから、大枠は変わらずに来た。内水面（川や湖）に限って言うと、漁業を生業とする人がそれなりにいた時代には、第5種共同漁業権による漁場の管理は画期的に機能したと思う。しかし、実際に魚を採る漁業を生業とする人がほとんどいなくなってしまった今（群馬県では皆無）、漁業がないのに、漁業法だけで管理しようというのも無理がある。

これは釣りに限ったことではなく、戦後70年の間に様々な既得権が生まれ、時代は変化しているのに、その既得権を手放したくないがために、変化を拒む勢力によって上手くいかないということがたくさんある。昨今の情勢を見ていると、日本、いや、世界の社会のシステムもそろそろ限界に来ているのかもしれない。

さて、愚痴を言ってもしょうがないので、私なりの、「釣りの今後のあり方」を示したいと思う。「水環境の悪化」「水産資源の減少」「無主物先占に対する不公平感」「漁業権の侵害者」「フリーライド」、今までに書いたこんなところが解決のキーワードになるだろう。そこで、例えば、前回書いたアメリカのシステムのように、釣り人が増えれば増えるほど、水辺環境がよくなる（釣りをしない人にも恩恵がある）ようなシステムを構築できたらどうだろうか。釣り人が何らかの方法で費用を負担し、それを財源として釣り場（水辺）の問題解決に充ててゆくようなシステムができたらどうだろうか。実際、釣り界では、2012年から「つり環境ビジョン」というプログラムがスタートした。これは、流通する釣り道具に付加金をかけて、それを財源に、主に「水辺・水中清掃活動」「放流・増殖調査研究事業」「安全な釣り場の拡大事業」という3つの事業を推進するものだ。この事業が、「釣り人」にも、「社会」にも、「自然」にもよいものとなって、釣りの社会的地位が向上することを心より期待している。

釣りはアウトローでちょっと浮き世離れしたところがよいのだが、そろそろ変わらざるを得ない時期なのかもしれない。

水辺に一番関心を持っているのは釣り人である。そして本気で水辺環境を守れるのは釣り人であるのかもしれない。そんな釣りには、輝かしい明るい未来があると信じたい。

あとがき

本書の出版にあたり、内容の正確性を期するため、それぞれの専門家の方に情報やご意見を頂きました。この場をお借りして深くお礼申し上げます。

本書に記した内容のそれぞれについては、私はその道の専門家ではないので誤りもあるかもしれません。また、検証が不可能な事柄に関しては、それぞれの考え方があると思いますが、考え方の多様性とご理解ください。

本書に書いた事柄は文字に残せることだけで、文字に残せない話はこの何倍もあります。そんな情報は全国の釣具屋さんが「話のネタ」としてたくさん持っていると思います。直接釣具屋さんに足を運んでこっそりと聞いてみて下さい。「手品のタネ」を内緒で話してくれるかもしれません。

そして何より、読者の皆様の釣りがもっと深く楽しいものとなるよう心から願います。

柏瀬巌　拝

著者プロフィール

柏瀬　巌（かしわせ・いわお）

1968年、群馬県生まれ。幼少より釣りに親しむ。小学校高学年より釣りの魅力に取り憑かれ北里大学水産学部に進学。卒業後は教員を目差しつつ塾講師として勤務。1997年に脱サラしルアー・フライ専門店「オジーズ」を開業。開業直後再燃し始めたブラックバス問題に深く関わる。その後は、「釣りの社会的地位向上」をライフワークとして、（公財）日本釣振興会の会員として広く釣り問題の解決に現在進行形で携わっている。現在は「化学物質が魚類に与える影響」「釣り人のマナー問題」「釣りの資源管理」の問題を中心に取り組んでいる。有限会社オジーズ代表取締役、（公財）日本釣振興会常任理事、同群馬県支部支部長、同環境委員会副委員長。群馬県太田市在住。

常識《じょうしき》は一度《いちど》疑《うたが》え・ネットの情報《じょうほう》は鵜呑《うの》みにするな
名物《めいぶつ》ルアーショップ店主《てんしゅ》がついに明《あ》かした「釣《つ》り具《ぐ》」のウソホント
2024年4月10日発行

著　者　柏瀬　巌
発行者　山根和明
発行所　株式会社つり人社

〒101-8408　東京都千代田区神田神保町1-30-13
TEL 03-3294-0781（営業部）
TEL 03-3294-0766（編集部）
印刷・製本　シナノ書籍印刷株式会社

乱丁、落丁などありましたらお取り替えいたします。

ISBN978-4-86447-731-4 C2075
つり人社ホームページ　https://tsuribito.co.jp/
つり人オンライン https://web.tsuribito.co.jp/
釣り人道具店　http://tsuribito-dougu.com/
つり人チャンネル（You Tube）
https://www.youtube.com/channel/UCOsyeHNb_Y2VOHqEiV-6dGQ